从专才到多面手

初创公司高管进阶指南

LEAD UPWARDS

How Startup Joiners Can Impact New Ventures, Build Amazing Careers, and Inspire Great Teams

［美］萨拉·E·布朗（Sarah E. Brown） 著
周涯 译

中国原子能出版社　中国科学技术出版社
·北　京·

Lead Upwards:How Startup Joiners Can Impact New Ventures,Build Amazing Careers,and Inspire Great Teams, Copyright © 2022 by Sarah E. Brown.
All rights reserved. Published by John Wiley & Sons, Inc., Hoboken, New Jersey. Published simultaneously in Canada.
All Rights Reserved. This translation published under license with the original publisher John Wiley & Sons, Inc.
Simplified Chinese translations copyright by China Science and Technology Press Co., Ltd. and China Atomic Energy Publishing & Media Company Limited. All rights reserved.
北京市版权局著作权合同登记　图字：01-2023-1391。

图书在版编目（CIP）数据

从专才到多面手：初创公司高管进阶指南 /（美）萨拉·E. 布朗（Sarah E. Brown）著；周涯译 . —北京：中国原子能出版社：中国科学技术出版社，2023.10
书名原文：Lead Upwards：How Startup Joiners Can Impact New Ventures, Build Amazing Careers, and Inspire Great Teams
ISBN 978-7-5221-2814-6

Ⅰ. ①从… Ⅱ. ①萨… ②周… Ⅲ. ①公司—企业管理—指南 Ⅳ. ① F276.6-62

中国国家版本馆 CIP 数据核字（2023）第 136043 号

策划编辑	何英娇	执行策划	陈　思
特约编辑	孙倩倩	文字编辑	何　涛
责任编辑	付　凯	版式设计	蚂蚁设计
封面设计	马筱琨	责任印制	赵　明　李晓霖
责任校对	冯莲凤　张晓莉		

出　　版	中国原子能出版社　中国科学技术出版社
发　　行	中国原子能出版社　中国科学技术出版社有限公司发行部
地　　址	北京市海淀区中关村南大街 16 号
邮　　编	100081
发行电话	010-62173865
传　　真	010-62173081
网　　址	http://www.cspbooks.com.cn

开　　本	710mm×1000mm　1/16
字　　数	190 千字
印　　张	17.5
版　　次	2023 年 10 月第 1 版
印　　次	2023 年 10 月第 1 次印刷
印　　刷	北京华联印刷有限公司
书　　号	ISBN 978-7-5221-2814-6
定　　价	69.00 元

（凡购买本社图书，如有缺页、倒页、脱页者，本社发行部负责调换）

献给埃琳·兰德（Erin Rand）、科琳·布莱克（Colleen Blake）和马特·哈拉达（Matt Harada），他们出色的领导力为我树立了榜样，他们的支持和友谊对我的职业轨迹产生了深远的影响。另外，本书也献给我已故的外祖母塞尔达·李普曼（Zelda Lipman），她培养了我终身学习的能力并教导我要无条件地相信所有人，包括相信自己。

前言
为什么初创公司领导力在各个层面都很重要

> "那么,为什么你以前没有当过高管?似乎几年前你就能够胜任了。"

风险投资人在做尽职调查的时候说了这番话,他要决定他投资的早期初创公司是否应该聘用我担任营销主管。听到他明褒暗贬的话,我沉思了片刻。我很感激他对我的肯定,认为我早已胜任这个职位的工作,但这不禁让我思考:既然几年前我的简历就表明我足以胜任初创公司高管职位的工作,那么我为什么一直没有付诸行动呢?

时光飞逝,几年以后,如今的我是一家初创公司的营销副总裁——初创公司的一名高管。与风险投资人的那次谈话为我敲响了警钟,激励着我去学习如何从中层管理者向高管转变,这一转变在很大程度上要感谢我的高管教练、朋友、公司首席执行官(CEO)以及同行的支持。

事后回想,在我职业生涯的早期,我并没有立志成为初创公司的高管,因为我没有意识到这件事是可行的。我不知道应该具备哪些条件或者需要弥补哪些技能缺口。我知道自己还不属于初创公司的领导层,但我不知道如何才能达到这个层级。我也无法想象自己成为初创公司高管的样子,因为业内像我这种身份的"榜样"太少了,毕竟我公开表明了自己属于少数群体(LGBTQ+)[①],而且还是一名女性。对少数群体缺乏

[①] LGBTQ+ 是女同性恋者(lesbian)、男同性恋者(gay)、双性恋者(bisexual)、跨性别者(transgender)以及酷儿(Queer)和对其性别认同感到疑惑的人(questioning)的英文首字母缩写,并非所有的性别认同、表达方式以及性和情感取向都在这个缩写中得到体现,因此,在末尾有一个加号。——译者注

关注，这确实会产生影响，而且会形成一个永不休止的循环。

尽管近年来这种情况已有所好转，但技术行业的领导层性别构成依然非常单一。截至本书出版时，接近一半的初创公司高管团队没有任何女性。[1] 美国国家妇女与信息技术中心（National Center for Women and Information Technology，NCWIT）2019年的一项研究表明，虽然女性约占美国总劳动力的60%，但她们在计算机技术行业中仅占25%。[2]

在科技领域，有色人种在初创公司的领导层中人数较少，而且极为罕见。根据阿森德基金会（Ascend Foundation）进行的一项研究，从2003年到2017年，科技行业的黑人女性人数下降了13%。[3] 德勤公司（Deloitte）的数据表明，在科技从业人员中，黑人占比约为2%，拉丁裔占比为3%。[4] 如果要推荐一本专门关注有色人种女性在科技领域所面临的挑战且包含精彩资源的书，那么我强烈推荐苏珊娜·特德里克（Susanne Tedrick）所著的《科技界的有色人种女性：激励和指导下一代科技创新者的蓝图》（*Women of Color in Tech: A Blueprint for Inspiring and Mentoring the Next Generation of Technology Innovators*）。

信息技术产业是全球经济繁荣的重要驱动力之一。这是一个价值数万亿美元的产业。[5] 2021年，仅全球云计算的市场价值就已达到2700亿美元。技术领域的巨大财富和机会分布不均衡，初创公司在各个层面的包容性推动了经济平等。

多年前，面对那位投资人的问题，我没有给出一个令人满意的回答。但如果我能回到过去，我会与他（以及年轻的自己）分享这些统计数据，探讨系统性的挑战一直以来导致的问题——初创公司的领导层缺乏那些有能力、有资质的少数群体人士。我也会感谢他无意中促使我正视自己，把自己看作那种我一直想成为但不相信自己会成为的初创公司领导者。

在职业生涯早期，企业对企业（business to business，B2B）的软件即服务①模式和云服务使我产生了极大的热情，也为云服务给整个生态系统中的企业和用户提供巨大价值的承诺所着迷。从那以后，我一直从事B2B SaaS市场营销工作。十多年过去了，我仍然热爱这个领域，并且很感激能成为其中的一员。在本书写作完成时，我有幸负责5家初创公司的营销管理工作，这几家公司的总市值已超过3亿美元。

一路走来，我对改善整个创业生态系统的多样性和包容性产生了兴趣。我在科罗拉多州博尔德市成立了一个名为Flatirons Tech的技术交流会，该交流会成员都来自科技行业的少数群体。Flatirons Tech是美国国家妇女与信息技术中心的亲和团体联盟（Affinity Group Alliance②）成员，其合作伙伴包括初创公司，以及诸如谷歌（Google）、斯普伦克（Splunk③）、Twilio④、推特（Twitter）、工作日（Workday⑤）这样的全球性科技公司和其他科技企业，旨在提升整个弗兰特山脉地区和其他地区的技术包容性。我还成为科技之星（Techstars）和后台资本（Backstage Capital）这两家公司的导师。科技之星是一家市值超过190亿美元的全球加速器⑥公司，而后台资本则资助和支持来自少数群体的创始人，这两个机构都旨在提高创业领域的包容性。我发现，支持来自少数群体的高管，帮助人们在创业生态系统中尽力创造最精彩的职业生涯、实现最

---

① 软件即服务（software as a service，SaaS）指一种基于云的软件交付模式，即由云提供商开发和维护云应用软件，提供自动软件更新，并通过互联网以即用即付费的方式将软件提供给客户。——译者注
② Affinity Group Alliance是美国国家妇女与信息技术中心成立的一个联盟，它汇集了美国国内外以及各地方的组织，旨在为成千上万的技术女性提供支持、网络和专业发展机会。——译者注
③ Splunk是一家美国的跨国大数据企业，提供领先的运维智能平台。——译者注
④ Twilio是一家云通信公司，致力于做开放插件的电话跟踪服务。——译者注
⑤ Workday是一家基于云的按需财务管理和人力资本管理软件供应商。——译者注
⑥ 加速器公司是由创新创业精英人士打造的专业的企业加速孵化基地。——编者注

美好的生活，这是一种使命。

创业之路并不平坦。初创公司的工作经历是有价值的，但是由于帮助初创公司员工晋升的资源有限，这段工作经历也充满了挑战和困惑。与成熟的公司不同，初创公司正在颠覆市场或创造新兴的市场，因此职业轨迹往往是非线性的。初创公司的员工必须开辟自己的道路。

随着初创公司的不断壮大和成熟，人们期望它们应该更像企业，这对新任高管来说既是挑战也是机遇。随着公司的发展，你如何提升自己的领导力以满足市场（包括客户和股东）的需求？

2019年美国有超过1200万名科技从业人员[6]，2020年仅在美国运营的科技初创公司就有80多万家。[7]为了培养成功的创始人和首席执行官，大多数初创公司的资源主要向这两者倾斜。但对初创公司的每一位首席执行官来说，有多少名高管负责领导和扩大公司的各个部门？《福布斯》（Forbes）杂志报道称，领导力提升是一个价值3660亿美元的产业，但令人惊讶的是，很少有资源直接用于帮助初创公司高管在其岗位上取得成功，这些岗位挑战性大且人员流动率很高。根据行业组织Pavilion①的数据，初创公司营收高管的平均任期只有16个月。[8]

首席执行官和创始人负责监督产品的生产与销售，但对产品的生产和销售产生影响的，并不只是这两个职位的人。对每位创始人来说，很多人都算是"初创公司加盟者"——这是一个由风险投资人兼作家杰弗里·巴斯冈（Jeffrey Bussgang）创造和推广的术语。初创公司加盟者有能力塑造他们的公司和市场。无论你已经是初创公司高管，还是正在寻找第一份高管级别的工作，这本书都将为你提供一些建议，让你了解如

---

① Pavillion是一家为各领域中高速成长的领导者提供职业发展、培训、教学等服务的公司。——译者注

何成为一名出类拔萃的初创公司高管。

也许你是一家初创公司的经理或者主管，你想知道如何实现向高管身份的转变。我想向你深入浅出地阐明如何胜任这一职位的工作。此外我还将分享一些技能、经验、成果和演讲报告，这些都是想要成为一名初创公司高管而需要知道并掌握的，包括在第一次董事会会议上的发言，或者为你的部门制订年度计划，以及获得其他部门的支持等。你可能已经是初创公司的一名高管，并希望获得更多的技巧和建议，从而在不断变化的初创企业环境中取得成功。

这本书有很多成功高管、风险投资人和创始人的真实故事，还包括高管可从中受益的框架和实用指导。本书分享了明确的成功框架、实用建议、实战故事和关键指导，这些都将帮助初创公司领导者及有志于成为初创公司领导者的人找到合适的职位并表现出色。

在这种环境中表现出色需要一套特殊的技能。本书针对一些可预测的关键性问题提供了实操性建议，例如，如何在初创公司中获得第一个高管职位，如何在工作的前90天内取得成功，如何管理你与首席执行官、团队、其他高管以及由投资人组成的董事会的关系。本书还讨论了随着公司的发展，如何扩大你的影响力和作用，以及如何应对挑战和挫折。

读完本书，你将对以下问题有深刻的认识：

● 成为初创公司高管的真实感受是什么？

● 如何知道自己是否具备成为初创公司高管所需的条件，甚至自己是否想成为一名高管？

● 初创公司高管与管理层或其他员工的角色有什么不同，怎样才能实现角色的飞跃？

● 如何利用非线性的职业发展路径或少数群体的身份成为初创公司

高管？

- 如何顺利通过初创公司高管职位最初的90天的考验？
- 在远程办公的后疫情时代，如何有效地实现团队和自我管理？
- 如何顺利向首席执行官或董事会汇报工作业绩？
- 随着公司的发展，如何扩大自身的影响力？

本书并非面面俱到，但通过本书，你应该可以更好地了解科技初创公司所需的领导力，并在此过程中做出更好的职业选择。我相信，从初创公司经理或主管成功跃升为高管的过程应该是透明且清晰的，如此一来，这条道路才能在最大范围内接纳和包容各类人才。新员工在了解高管团队时会看它是否极具包容性。这本书专门讨论了来自少数群体的初创公司高管的障碍以及如何克服这些障碍。

对越来越多崭露头角的初创公司领导者来说，成为一名高管应该唾手可及。我希望能为下一代高管提供各种方法，让他们脱颖而出。对于那些领导初创公司加盟者，本书提供了支持、促进和培养高管人才的工具。更强大的高管会使我们整个创业生态系统受益。现在是时候让我们关注如何帮助下一代初创公司领导者提升自我，本书为实现这个目标引入了相关案例研究、示例、不同背景的初创公司领导者的声音以及经过验证的实用建议，读者们可以把这些建议应用到自己的职业生涯中，开启一段"向上领导"的旅程。让我们开始吧！

目 录

第一部分
成为初创公司高管

第一章　在初创公司担任高管的真实感受
　　　　——高管与经理或总监的角色差异　_003
第二章　从经理到高管的身份转变：
　　　　中层管理者如何获得第一份高管工作　_021
第三章　了解和评估你与各类初创公司的匹配度　_033
第四章　谋求下一份初创公司高管工作：内部晋升或跳槽升职　_045
第五章　拿到入职通知、获得高管工作　_061

第二部分
开始工作：顺利度过最初的90天

第六章　确定你的目标，与首席执行官和董事会就成功达成一致　_081
第七章　建立核心关系：首席执行官、董事会和团队　_094
第八章　了解你自己：优势、劣势和需要改进的方面　_103
第九章　了解并和你的团队一起定义公司文化　_119

第三部分
打造和管理你的团队与部门

第十章　招聘人才建立归属感　_131

第十一章　一致性：制定战略让你的团队朝着相同的愿景和目标努力　_138
第十二章　同调：创造一种让团队成员能够贡献最佳绩效的文化　_144
第十三章　打造高绩效团队文化　_153

第四部分
自我管理及高管间的沟通管理

第十四章　提升自己，与初创公司共同成长　_179
第十五章　在后疫情时代担任领导者　_184
第十六章　向上管理：如何与首席执行官以及董事会合作　_190
第十七章　出现问题：应对挑战、挫折、失败和离职　_196

第五部分
证明、维持和扩大你作为领导者的影响力

第十八章　衡量成功：如何知道事情是否进展顺利　_227
第十九章　向董事会汇报你取得的成果　_235
第二十章　导师制：如何通过人脉网和回馈进一步发展你的事业　_248

注释　_259

后记　_265

致谢　_267

第一部分

成为初创公司高管

第一章　CHAPTER 1

在初创公司担任高管的真实感受——高管与经理或总监的角色差异

> 在初创公司担任高管真的与担任经理或总监有很大区别吗？是的。但可能不是你想象的那样。

在成为初创公司高管之前，我对这个角色的看法十分有限。我注意过身为高管的人在部门会议中的表现，以及他们在全体员工大会上向全公司作报告的表现。我留意他们发的电子邮件和信息的内容，以及他们在办公室里的行为举止。我观察他们在公司的全体员工大会上如何发言，他们在节日聚会上如何表现。我观察他们，就像大多数初创公司的员工观察他们的领导一样（如果你正在读这本书，你要知道员工正在关注你的行为）。但我观察到的并不是高管这个角色所要求的全貌。

在我工作过的多家公司中，很多高管的日程表都被会议排得满满的，所以我常常好奇他们是如何完成工作的。他们在这些时间段内都在做什么？除了忙碌，我还想知道他们每天、每周或每季度的工作要求是什么。

如今我是一名高管，我明白高管团队所做的大部分工作对于个人贡献者（individual contributor）甚至中层管理者来说都难以理解。虽然整个创业生态系统呈现愈加透明的趋势，而且越来越多的公司向员工甚至大众公开他们的运营原则和薪水，但如果你不是初创公司领导团队中的一员，你很难看到领导层的大部分内部工作。本章介绍了初创公司高管的幕后工作，包括高管对他们每天、每周和每月的工作及生活给出的见解。

"你的职位越高，你做的执行工作就越少，你必须高效地利用时间并授权你的团队来实现你的目标。"营销总监雷切尔·拜塞尔（Rachel Beisel）说，"你会参加很多会议，因为你往往是各部门以及这些部门员工之间的协调人。"

领导者之所以在会议上花这么多时间，是因为做出决策是他们最重要的职责。虽然初创公司的领导者（包括创始人和首席执行官）在公司早期阶段总是会在某种程度上处理具体的执行工作，但他们制定战略和决策的能力是他们存在于公司的原因。

"作为创始人，我有决策疲劳。"Aquaoso[①]公司联合创始人兼首席执行官克里斯·皮科克（Chris Peacock）说，"我希望即使在没有全部数据的情况下，公司高管也能在他们的领域中不断做出正确的决策。"

高管负责管理经理，这意味着他们的直接下属通常也有自己的下属。这种"跨级"的层次结构要求高管授权给他们的下属，让下属们能够做出正确的决策并掌控自己的领域。

作为一名高管，你的实际工作内容将根据你所在初创公司的发展阶段和成熟程度而变化。在初创公司的早期阶段，你会花更多的时间在执行上，比如发布一个新的登录页面、编辑副本或创建财务模型。这些工

---

① Aquaoso是一家美国互联网水务服务提供商。——译者注

作成果是衡量你在公司发展的早期阶段业绩好坏的重要部分。但是随着公司的发展，你需要指派并管理能够胜任这些工作的员工，同时也要监管他们的工作绩效。

初创公司高管的实际工作

每周，高管们都会花大量时间与彼此及他们的团队成员进行沟通，从而使战略和计划与业务目标保持一致。他们促进跨部门合作，整合新的数据，根据需要调整路线。许多曾就职于大公司的初创公司高管都尽力在执行和战略中取得平衡。正如高管教练、微软公司北美前首席财务官约翰·雷克斯（John Rex）所说的那样，你必须同时具备"微观和宏观"视角，才能做好执行和战略工作。

除了对团队成员及其他员工进行一般管理，初创公司的高管还负责一个部门或"履行一项职能"并为其制定目标。一个部门通常是由不同小组组成的一个团队，高管为其部门制定的整体战略、愿景和目标必须和整体的业务目标保持一致，整体业务目标也会被分解为各个部门的子目标。

初创公司高管的工作安排一览

初创公司高管工作安排范例：
每天
● 查看仪表板，根据季度或年度目标对比衡量当前的指标和成果。
● 召开团队内部会议，并在关键的时间节点就团队策划的活动或其他工作成果给予反馈——尽早沟通以验证方向（例如，这个产品路线图的更改和我们的业务、团队战略是一致的）并在交付的最后阶段"收买人心"（是的，这份新闻稿是我批准发布的，如果我们搞砸了，我的工作就岌岌可危了）。

- 参加与其他高管或部门的跨部门会议。
- 了解你所在市场或垂直行业的最新消息。
- 参加与首席执行官的同步会议以及与部门团队的会议。
- 在Slack①、Asana②或其他通信工具上查看你团队的项目管理更新。

每周

- 与你的直接下属进行一对一交流；确保你的直接下属及其下属正在顺利推进工作，确保整个团队的工作进度与目标和关键成果（objectives and key results，OKR）保持一致；分析并解决问题；掌握下属的职业目标。
- 每周向其他团队和公司首席执行官进行跨职能对接，并汇报最新工作进展。
- 根据OKR衡量工作进度。
- 对你所在部门的关键项目给予反馈或进行签字审批。

每月

- 与你的直接下属进行一对一交流；确保你的直接下属及其下属正在顺利推进工作，确保整个团队的工作进度与OKR保持一致；分析并解决问题。
- 向整个公司或业务部门进行全员汇报。

---

① Slack是美国一款企业协作软件，集合聊天群组、大规模工具集成、文件整合、统一搜索功能为一体，类似于国内的钉钉或企业版QQ/微信。——译者注
② Asana是美国一款项目管理软件，它可以帮助团队创建项目、将工作分配给队友、指定截止日期以及就任务进行交流。——译者注

- 向董事会汇报最新工作进展。

- 向公司首席执行官汇报或向跨部门的利益相关者沟通最新工作进展。

每季度

- 汇报季度业务审查（quarterly business review，QBR）的结果或OKR完成情况。

- 通过权衡绩效或新数据来评估战略决策。

- 向董事会汇报最新工作进展——在董事会会议上通过幻灯片、预读材料或现场演示的方式进行汇报。

- 设定下季度或下半年的OKR。

每年

- 进行年度审查和回顾，包括向首席执行官、其他高管和董事会汇报得失以及你的收获。

- 制订年度计划、目标、人员配置和预算。

- 财务模型和规划——跟踪用户获取成本（customer acquisition cost，CAC）和客户生命周期总价值（life time value，LTV）。

- 支持资金募集工作。

- 自我绩效评估和团队绩效考评（有时是每半年一次）。

你的工作安排周期取决于你所在部门和公司的成熟程度。较小的初创公司可能会放弃年度计划，而更依靠季度计划。你和公司首席执行官可能每周见面三次而非一次，所以对上述内容要慎重考虑。

非高管和高管角色之间的其他差异

最高业务岗位的责任

初创公司高管负责向公司股东交付经营成果，公司股东包括联合创始人、高管团队、董事会和投资人（创始人的老板）以及其他员工。作为一名高管，与团队中的任何人相比，你拥有的权力（可能包括股权）最多，肩负的责任也最大。与个人贡献者或中层管理者不同，初创公司高管必须制定经营战略并坚决执行。帕维利公司（Pavilion）的营销高管珍妮芙·赖斯（Jennifer Rice）将形成不同的商业见解（相对于仅执行上级命令）称为"拥有一套商业理论"：

"作为一名营销高管，针对如何在目标客户中创造需求以扩大公司的市场份额并增加营收这个问题，我需要根据数据进行分析，形成意见并汇报沟通。公司首席执行官和跨部门的高管同事可以提供帮助，我的团队将提供数据信息，但最终计划由我签字并负责。我需要其他人相信这个计划，但首先我自己必须相信并支持它。无论计划是成功还是失败，我都是那个承担责任的人。当我还是初创公司的中层管理者时，公司高管会把计划交给我去执行，而现在作为初创公司的营销高管，没有人会让我去执行计划（尽管杰出的创意可以而且确实来自团队中的任何人）。制定战略并带领团队达成业绩，是我的责任。"

思考工作背后的"为什么"

正如商业领袖彼得·德鲁克（Peter Drucker）[1]所说，做正确的工作

---

[1] 彼得·德鲁克，现代管理学之父，其著作影响了数代追求创新以及最佳管理实践的学者和企业家，各类商业管理课程也都受到彼得·德鲁克思想的影响。——译者注

和正确完成工作是有区别的。你的工作是确保你的团队采取的计划、战术和使用的工具能够实现你所在组织的整体业务目标。思考工作背后的"为什么"——不是"我是否该开展这个宣传活动",而是"我们是否应该开展'任何'宣传活动,我们预算有限,这是最佳投资吗?为什么"。这就是高管应有的思考方式。你要不断地进行权衡。

你所在部门的战略和战术将如何有助于实现业务目标?你在前几个季度甚至最近几周和几天里学到了什么,可以为你正在做的工作提供参考?这些是高管应该回答的几类问题。继续思考"为什么"与"怎么做"同样重要。优秀的初创公司高管会不断学习、不断完善并取得更快、更好的结果。

对部门的多领域理解

作为个人贡献者或小团队的经理,你可以在一个领域拥有深厚的专业知识,而无须跨部门广泛涉猎各个领域。你的职权范围可能比较狭窄。然而作为一名高管,你应该了解你所在部门许多领域的基础知识,而不仅仅是一个特定领域的专业知识。这包括了解前端工程与全栈业务,以及管理那些开发多个产品的技术团队等。虽然你不需要知道所有的事情(这就是为什么需要组建团队),但是你需要拓宽你职能领域专业知识的广度,以便招聘、留住和有效地管理一个高绩效团队,让他们在你的部门内执行工作。

打造和领导高绩效团队的责任

在一家初创公司,你负责带领"一个人的团队"的时间可能比你想象的要更长。在我最近的一份高管工作中,我在组建团队之前独自一人工作了好几个季度。但是如果不扩大你的公司,你就无法达到任何形式的规模。如果你不组建团队,这可能会成为阻碍你成功的一个因素。首次担任高管的人往往无法吸引最优秀的人才,因为候选人可能会觉得高管的领导能力尚未得到证明。

我们将在后面的章节中深入探讨首次担任初创公司高管如何组建一个包容、高效的团队,让团队中的每个人都取得成功。如果你想成为一名高管(或已经是一名高管),请准备好保持"服务型领导者"的思维方式,并将提升高效管理的技能作为你的首要任务之一。

简而言之:高管工作需要投入更多精力

初创公司高管兼研究多元化与包容性的专家奥布里·布兰奇(Aubrey Blanche)表示,作为一名高管,即使可以保持生活与工作的平衡,也不应该低估高管工作对生活方式的影响。相比非高管角色,这一角色确实需要投入更多精力。

"经常有人说,你不必为了成为高管而放弃部分生活,而事实上,担任高管的确会对其生活产生巨大影响。我们必须对此如实相告,否则会对任职者造成伤害。"布兰奇说,"当然有一些特殊的情况,有的人可以担任副总裁并兼任其他工作,但这确实需要他把工作放在比生活更重要的位置上。我认为我们应该睁大眼睛去做这个选择。"

高管与其他非高管员工之间的权力关系

尽管你会享受与其他高管的友谊,但不要期望以同样的方式与你的团队建立亲密关系，尤其当你是从内部晋升的时候。团队领导者的角色会给你带来权力和权威地位，但即使作为经理，你也不会像以前那样行事。这种权力意义重大。当你能够决定员工的去留、晋升和加薪与否时，你就不能指望跟员工"平起平坐"。他们的生计现在与你的决定挂钩，这使你处于一种权力高位，因此你们之间的动态关系也有所改变。

同时你也要依赖你的团队。任何一家初创公司的高管想要获得成功，必须有一个高绩效团队团结在他的周围。但这个情况本质上是不平衡的，并且受到权力关系的影响。一位下属很难让他的上级丢掉工作，但其上级让他丢掉工作则要容易得多。如果你作为高管没有做出成绩，你的团队可能会留下来，你可能会被解聘，但你的团队无权做出这个决定。由于这种权力的不平衡，你的行动必须与自己的职权相符。

我们不能滥用这种权力不平衡，或将直接下属置于利益受损的位置上。一些初创公司的高管相较于他们的团队和下属拥有过多的权力。与在大公司不同的是，他们可以在没有监管的情况下侥幸逃脱惩处。幸运的是，这种情况正在逐渐减少，因为提倡公平和包容性的趋势渐长，不良行为得到曝光并受到严格查处。初创公司生态系统内的制衡机制已经缺席太久了。值得庆幸的是，许多初创公司正在为员工创造机会，让他们拥有真正的发言权，能给予经理意见反馈，并支持健康、包容的团队文化。

承认上下级关系中固有的不平衡性的同时，我们仍然可以与团队中的个人建立牢固、积极的关系。尽管我们在管理下属的时候不能与他们在地位上对等，但我们可以了解他们每一个人，帮助他们成为自己事业的管理者，给予他们成长的机会，并支持他们作出贡献、提高工作效率。我们可以尽力以应有的善意和尊重对待每个人，确保他们有良好的工作环境，在心理上有安全感和认同感，尊重他们的个人需求以及团队的集体需求。

如果你准备担任高管职务，请接受这样一个事实，即当你能够始终如一地履行管理职责时，你会对人们的生活产生真正的影响。你在渴望做好这件事的同时也应该知道，即使带着良好的意愿，你也可能在此过程中犯很多错误。稍后我们将在本书关于团队管理的章节中讨论如何处理这个问题。

高管在部门中掌握最多信息

作为一名高管，在大多数情况下，你比团队中的其他人对业务的来龙去脉有更深入的了解。当我成为一名高管后，我才意识到这种了解对我所在团队的决策产生了多大影响。满满当当的跨部门会议让我对业务有了实时了解，这是我所在团队中其他人所没有的。我有责任定期向我的团队成员传达这些信息，以便团队成员能够有效地履行职责。高管的工作之一就是向他的团队传达部门之外的情况。鉴于初创公司的工作节奏较快，信息的传达并不能总是像员工搜集信息那样迅速。出于保密或其他考虑，有些信息并不能与团队共享。

这个概念看起来很简单，却能产生巨大的影响。作为一名高管，你往往比团队中的其他人更了解任何特定的主题。当大家不能马上了解你所知道的一切时，你必须以某种方式让每个人定期朝着同一个方向努力。

虽然你不能一直与团队每个成员分享所有信息，但你可以给予下属指导，引导他们不断进步，在自己的岗位上做出成绩。这有助于建立信任，这样他们就会在你做出他们并不完全了解的决定时依然跟随你。

谁有资格成为初创公司高管

成为初创公司高管没有学历、经验或工作年限的要求。你没看错——没有。初创公司有24岁的首席执行官，也有24岁的销售副总裁。一些初创公司高管拥有顶级商学院的工商管理学硕士（MBA）学位和30年的商业经验，而一些高管高中都没毕业。有些人在历经20年的职场历练后才成为初创公司的高管，有些人则在拥有五六年的初创公司工作经验后就获得晋升。

缺乏资历不应该阻碍你立志成为初创公司高管。一个只有4年工作经验的26岁的年轻人会比拥有其两三倍经验的职场老手更适合成为初创公司高管吗？这要看情况，创始人也一样。根据《哈佛商业评论》（*Harvard Business Review*）的报道，初创公司创始人的平均年龄是45岁，尽管出于刻板印象，人们认为创始人通常要年轻得多。[1]

以下是《哈佛商业评论》的另一项统计数据，它推动了本书的诞生：女性往往倾向于申请她们百分之百符合条件的工作，而男性只要满足所列标准中的一部分就会申请。[2]

哈佛商学院（Harvard Business School）的作家兼领导力教练安妮·莫里斯（Anne Morriss）说，根据她和她的搭档弗朗西丝·弗赖（Frances Frei）的研究，人口统计学方面的数据无法证明，成功担任领导职务的人拥有某些具体特征。

"我们的研究表明，在初创公司中，谁最终能在领导岗位上更胜一筹在人口统计学方面没有重大的差异。"莫里斯说。

"在谁得到晋升、谁获得资源、谁拥有人际网络等方面，确实能通过人口统计学对特定样本进行分析。"莫里斯说，"但是，在担任领导职务时，那些成功的人往往对自己、对周围人的优点和缺点都非常了解。"

在担任初创公司高管之前没人能百分之百具备资格

让我们深入了解另一个关键点：在成为初创公司高管之前，没人能完全具备资格，因为有些技能和工作要求在接触之前是无法掌握的。无论你是大公司的高管，正学习将自己的技能应用到创业领域，还是一个中层管理者，希望努力提升并与公司一起成长，概莫能外。

不幸的是，过去在创业行业中，许多领导层的成员找到了绕过这一事实的方法，即根据潜力进行晋升，这通常意味着"他看起来像以前从事过这份工作的人"。高管教练兼商业畅销书《彻底坦率》（Radical Candor）和《公正的工作》（Just Work）的作者金·斯科特（Kim Scott）表示，"男性更有可能因展现出的潜力而获得奖励，而女性则完全根据过去的表现得到晋升"。[3]

那么，我们如何帮助更多的人，利用他们已有的技能和资格获得初创公司的高管角色呢？我们需要消除"因为有潜力，所以有资格"的偏见，将高管职位要求分解为客观的、本质的要求。

初创公司高管必备的资格和技能

由于系统性和内在的偏见，许多人从未在初创公司里担任领导职务，即使他们想成为领导者。在我创业生涯的十余年间，我注意到许多初创公司高管与我在担任高管之前简历上的背景相当。我想知道他们简历中的哪些地方让他们有资格担任高管。

事实证明，这些人不一定更有资格。一旦进入角色，他们就学会了这个角色所需的技能，这也是我（和许多其他人）完全有能力做到的。如果把你的简历与他人的简历进行比较，你可能看不到他人在正式岗位之外所做的工作或接受的指导。而且说实话，许多初创公司的高管都是根据展现出的潜力获得了他们的第一次机会，然后在工作中学习到必要的技能。因此，让我们来分析一下，成为一名高效的初创公司高管所需的技能和背景。

以下是你从中层管理者跃升为初创公司高管所需的条件：

● 在关键的初创公司职能领域（例如，工程、营销、产品、销售、客户成功①、运营）拥有宝贵且可衡量的专业知识和成功记录。

● 有一些管理经验。如果你是第一次担任初创公司高管，那会更难一点。

● 愿意学习如何与财务股东合作。除非你开过董事会（我们将讨论如何为这些做准备），否则你不知道它到底是什么样的。

● 愿意学习如何与相关部门的多名同事进行大规模有效沟通。制作出色的幻灯片并撰写清晰且有说服力的报告。

● 以数据为导向。所有初创公司都需要数据来为他们的决策提供信息，因此，如今的初创公司高管需要培养数据分析能力。

● 愿意接受失败并不断改进。初创公司是围绕学习和迭代建立的。你需要在你的岗位上不断重复这种做法，看看你在哪些领域中表现不佳，然后利用数据分析进行调整。

上述所有的关键因素是愿意学习。如果你想成为一名初创公司高管，即使你这时候还不具备所有的技能和经验，也不要担心，因为在现实中，没有人在做这项工作之前就具备了所有条件。你可以去做，并在这一过程中学习。

---

① 客户成功是指你的企业帮助客户从你的产品或服务中获得最大价值的方式，它是以关系为中心的客户管理，使客户和供应商的目标一致，以达到互惠互利的结果。——编者注

卡罗尔·德韦克（Carol Dweck）创造的"成长型思维模式"（growth mindset）[①]一词是硅谷的最爱，这是有原因的：对初创公司中任何的角色来说，学习、适应和成长都至关重要，高管尤其必须随着初创公司的成长而提高他们的能力。

Empactr[②] 公司的联合创始人兼首席执行官克里斯·塞内西（Chris Senesi）表示，他在初创公司高管身上寻求的关键技能是，首先要具备主动性。

"我喜欢一个人对某件事情充满热情并为之奋斗。"塞内西说，"在一个领域的主动权和所有权可以建立信任。然后，高管开始创造新事物并展示他们的技能和专业知识。不是只有初创公司的创始人才会主动创造。"

基于此，初创公司领导者还需要另一条"基本技能和经验"——先前在大公司或其他规模的初创公司所积累的专业知识。

大量扩张型的初创公司从大公司引进高管

随着初创公司逐渐成熟，它们通常会从大公司引进高管，这些高管已经证明他们曾成功地管理过某个部门或者负责过部门损益表（profit and loss statement，P&L）。一旦初创公司走出投资人兼哈佛商学院教授杰夫·巴斯冈（Jeff Bussgang）所说的初创公司成长的"丛林"阶段，董事会通常会强迫公司引进"成年人"（这个词让我觉得尴尬，但这是

[①] 卡罗尔·德韦克，现任美国斯坦福大学心理学教授。成长型思维模式是她在2006年出版的专著《思维方式：新的成功心理学》（*Mindset: The New Psychology of Success*）中提出的一个信念体系。——译者注
[②] Empactr 是一家技术公司和在线平台，它为客户提供合作和结果追踪工具，让收集、管理和分享影响力数据变得更加容易。——译者注

很常用的说法），因为他们作为训练有素的专家能够为公司掌舵。

从某个角度来说，这是个自相矛盾的困境：往往在你证明自己能做到之前，你无法获得初创公司的领导职位；而在你做到之前你又无法证明你能做到。那些在多家初创公司担任过中层领导的人士拥有宝贵的专业知识，但不一定拥有正式的高管头衔，这让他们情何以堪？

如果你尚未利用自己"多年大公司工作经历"的背景来成功迈入初创公司的领导层，那么我们稍后再来讨论如何实现这种转变。现在，让我们重点关注那些曾多次在大公司任职的初创公司空降高管。如果你来自一家较大的公司，你可能拥有初创公司所需的专业知识，但你还必须学会适应初创公司高速发展的环境。

约翰·雷克斯：对扩张型初创公司高管的建议

高管教练约翰·雷克斯在转投初创公司之前曾是微软公司的首席财务官，如今他为各种规模的公司高管提供指导。他指出，帮助来自大公司的高管适应和成长，是很多正在扩张的初创公司共同面临的一项挑战。

"很多人在大公司里成长迅速、表现出色，而在初创公司则相反。"雷克斯说。

在大公司里，你通常会积极磨炼与决策能力而非执行力相关的技能，而且往往是在已建立的成熟市场中工作。

"你真正培养的技能是如何决定什么最重要，因为有太多的信息涌向你，有太多的需求占用你的时间。"雷克斯说，"你需要非常擅长筛选大量涌入的信息。这不是你在一家颠覆新兴市场的初创公司的职责所在。"来自大公司的高管可能会低估组织结构较为简单和资源较少所带来的影响，这是雷克斯自己从微软公司跳槽到一家较小的初创公司时遇到的问题。

"我真的不明白这些文化有多么的不同。"雷克斯说，"对于我指导的创始人，我现在告诉他们，当你聘用来自大公司的高管时，你要非常小心，因为他们不知道自己不知道什么。他们习惯大获成功，但这是在特定的成功背景下。在创业环境中取得成功所需的条件与在大公司中取得成功所需的条件截然不同。"

"在一家大公司，我大部分时间都花在了电子邮件和会议上，因为我就是以这种方式处理涌向我的大量信息。但在一家初创公司，我不得不重新练习我在担任中层管理者时把事情委派给初级人员的技能。"雷克斯说。

初创公司高管将任务下派既不是缺乏工作意愿，也不是出于一种"自视甚高"的态度。相反，许多大公司的高管只是很久没有这样做了。

公司扩张的两难困境

初创公司在逐渐成熟时引入大量经验丰富的高管，是因为公司扩张面临两难境地。如果你从来没有在一个成熟的组织中担任过高管，那么摆脱日常的执行性工作需要一个学习过程。许多初创公司高管都在为此苦苦挣扎（我们将讨论一些非常实用的技巧来解决这个问题）。

早期的创业者会开发出一套战术性很强的技能，并以"救火"为目标。这包括从头开始构建部门，实施基本流程，以及阻止、应对、处理危机和意外挑战等。

学会放权给有能力的员工

除了学习如何将任务分配给下属之外，初创公司高管还需要准确评估其团队的人才和经验，了解他们聘用的人是否具备与公司一起成长的能力。你的团队成员能力较强，你就可以给他们分派更多的任务。如果他们的能力较弱，你就得自己做更多的事情。如果你的团队成员能力不足，那么你就得永远自己干活。许多初创公司高管因此而精疲力竭（包括一些创始人，他们没能引进具有可塑性的初创公司高管）。你需要一个可以真正依靠的团队来完成现在的工作，同时也帮助公司成长。

领导者越成功，他们就越需要学习通过他人来完成工作。领导者不能一直自己做所有事情，因为这样就无法成长。你必须将工作分配给你的团队成员。

来自大公司的高管很难适应带小团队、做执行工作；来自初创公司的高管也很难适应带大团队，因为他们习惯做执行工作并亲自解决问题。对于像我们这样习惯第一反应去"救火"的领导者，或者那些在公司发展初期习惯亲力亲为的领导者而言，这种转变是很困难的。但是为了扩大你的团队，提高你的部门影响力，学习这项技能至关重要。

初创公司的早期阶段与提升领导力思维

高管教练兼作家格里·瓦伦丁（Gerry Valentine）说，他经常指导来自大公司的初创公司高管转变心态和思维方式，以便养成打破常规的习惯。大公司通常不鼓励打破常规，但这对初创公司却至关重要。

"在大公司里，你得到报酬是因为遵守了规则。如果你在美国运通公司（American Express）工作而且打破了某些规则，那么股价可能会发生变化。你可能会成为《华尔街日报》(*Wall Street Journal*)的封面人物。这真的很糟糕。"瓦伦丁说。

初创公司高管不一定会因为快速行动和打破常规而获得报酬,但人们期望他们可以通过实验和推陈出新来获得成功。

"在初创公司的早期阶段,你的首要目的是学习,这样公司才能快速发展。"瓦伦丁说,"对于那些就职于快速发展的初创公司的高管,我发现他们常犯的错误是过分沉溺于颠覆性创新。这在公司早期阶段很重要,但在后期就不一样了。"

不做脱离实际的初创公司高管

"我们都见过那些身处3万英尺(1英尺≈30.48厘米)高空的领导者,他们并不知道地面上真正发生了什么。"Gainsight① 公司的首席执行官尼克·梅塔(Nick Mehta)说,"我认为有些人有这样一种误解——身为高管并不需要知道更多细节。"

在苹果公司,每位领导者都应该了解有关公司的一切[4]。作为初创公司的高管,你需要理解细节,时刻关注细节,同时还要把握大局。作为领导者,既能够在必要时脚踏实地、亲力亲为给公司添砖加瓦,也能着眼全局、带领团队在下一个发展阶段中实现成长,这会是一项无与伦比的竞争优势。在接下来的章节中,我们将探索如何让你具备这样的优势。

---

① Gainsight 是一家提供客户成功软件的供应商,主要是帮助公司用户增加收入、减少客户流失和推动宣传。——译者注

第二章　CHAPTER 2

从经理到高管的身份转变：中层管理者如何获得第一份高管工作

> 如果你想成为一名初创公司高管，那么你可能需要弥补一些技能和经验差距才能完成转型。以下是一些初创公司领导者的成功案例。

你有能力可以弥补转型到高管所需的技能和经验差距。要成为具有可塑性的战略领导者，你需要以不同于以往角色的方式开展工作。在本章中，我们将讨论中层管理者如何获得他们的第一份初创公司高管工作，以及他们如何成功地完成身份转变。

实现身份转变：你不必"完全做好准备"

"我认为人们总有这种说法，要等到完全具备资格才能成为领导者。"MergeLane[①]公司的联合创始人休·海尔布龙纳（Sue Heilbronner）

---

① MergeLane 是一家风险投资公司，主要投资至少有一名女性领导者的高潜力初创公司和风险投资基金。——译者注

说，"与此相反，只要确定一个目标并开始为之努力，直到你做成这件事。决定做领导就是这么简单。"

初创公司高管的真实故事：他们最初如何当上高管

雷切尔·拜塞尔在户外行业担任了多年的营销经理，然后转型做了技术营销，最终她在公司晋升为副总裁（此后她成为另一家技术公司的首席管理层人员[①]）。她将这一飞跃归功于导师的帮助，包括学习如何驾驭创业环境并成为一名高管。

萨曼莎·麦克纳（Samantha McKenna）是一位成功的销售负责人，曾担任领英（linkedln）和On24[②]公司的销售副总裁，现在经营一家名为#samsales的咨询公司（#samsales Consulting）。她获得的第一份高管职位是通过组织内部晋升的。她说，从销售岗位的个人贡献者跃升为销售高管，挑战之一却是她作为销售代表表现过于出色，这真有点讽刺。

"许多缺乏前瞻性发展眼光的组织舍不得你这种业绩突出的个人贡献者为组织带来的收益，"麦克纳说，"他们想让你继续留在你当前的岗位上，这样才能确保你每年创造数百万美元的收益。"

麦克纳说，获得晋升的关键是既要掌控当前的工作，同时又要承担责任，开始"涉足"其他岗位的工作。

"对于任何想要升职的人，问问自己，我如何才能出色地完成当前

---

① 首席管理层人员（C-level executive）指的是职位以C（chief，首席）开头，以O（officer，官）结尾的高管。常见的首席管理层人员有：首席执行官（chief executive officer，CEO）、首席运营官（chief operations officer，COO）、首席财务官（chief financial officer，CFO）等。——译者注
② On24是一个提供数字销售和营销的平台，主要帮助客户推动收入增长。——译者注

岗位的工作，然后又如何超越自我、突破现有的岗位要求？我不仅要通过接受指导，而且要寻找业务中的漏洞，并寻求方法以调动自己的多项技能来解决这些问题，以此证明自己可以主动承担更多工作。"麦克纳说。

对麦克纳而言，在两年半的时间内她工作表现极为出色。她多次因大幅度超额完成销售指标而摘得销售桂冠，这之后她决定竞选高管职位。

"我真的把目光转向了领导层，在某一年的 10 月，我的直属领导向我承诺，如果我成功地完成了这一年的销售额，我就可以升职。那年 11 月，这位高管被解聘了。"麦克纳说。

次年 1 月，当麦克纳去找新上任的直属领导时，她甚至花了三个月的时间才说服新领导认可前任领导的承诺。尽管上一年她在销售团队中的业绩是第二名，但到 4 月的时候，她没能完成销售任务，她被告知鉴于第一季度的表现，她无法得到晋升，她需要再次证明自己。她得到的教训是：无论你与领导的关系如何，都要得到书面形式的承诺。此外，这也刺激她采取行动，谋求领导层的职位。晋升和荣誉不应该仅仅基于个人已有的工作能力，还应该基于个人所展现出的潜力。

"我不得不努力工作，但我必须为自己去争取这个职位。所以我不仅要为自己争取职位，还要两次证明我值得。"麦克纳说。

明迪·劳克两次晋升为首席执行官的故事

明迪·劳克（Mindy Lauck）曾经两次以非创始人的身份坐上首席执行官的位置。她曾在 About.me 网站和 Broadly 公司同时担任非创始人首席执行官，并通过内部晋升接管了董事会、高管团队和项目团队。

"我接管了高管团队、项目团队，一切都是现成的。"劳克说，"创始人不必处理这个问题。"

劳克评估了她的公司所处的创业阶段，了解了初创公司的经营状况以及某些高管和项目是否适合目前的阶段。

"我试图真正思考我们处于什么阶段，我们将进入什么阶段，这些人是否适合目前的阶段？"劳克说。

劳克必须适应非创始人高管的思维方式，充分利用她接管的资源，同时专注于发挥自己的优势来发展业务。

"如果你花太长时间才做出这些决策，那么对业务就没有什么帮助，特别是在执行层面上。"劳克说，"我解聘了不合适的高管，并专注于建立信任和加强沟通，与留下来的团队在价值观上保持一致。"

劳克把她在这个职位上的成功归功于她迅速的行动，而且由于业绩出色，她再次晋升为首席执行官。

首次担任高管的挑战：萨曼莎·麦克纳的销售副总裁之路

在获得第一份高管工作的道路上，萨曼莎·麦克纳曾担任销售总监，然后晋升为高级销售总监，最后成为销售副总裁。麦克纳说，她学着为自己站台，同时她也承认，她战胜了团队中的几个竞争对手得以晋升为高管，而那几位同事一直不能完全接受她成了他们的领导。

麦克纳解决这个问题的方式是放权给她的团队，并且证明她可以建立、管理一个高绩效的销售团队。她的团队知道她"支持他们"，这就提升了团队间的信任，也为整个团队不断超越目标奠定了基础。

"我真正做到了以自己的方式获得成功，而不是以牺牲他人为代价。"麦克纳说,"我让我的团队知道,这不是一场残酷无情的竞争;我们作为一个团队,要么一起赢,要么一起输。"

麦克纳还必须努力与其他部门建立新的关系,这是她作为个人贡献者的时候不需要做的。

"作为一名高管,我知道我对我们的法律团队提出了很多要求,包括'我想要的东西我必须立刻得到'。耐心是一个我仍然不理解的词。"麦克纳说。在担任领导职务时,她必须与该团队一起取得新进展,花时间投入跨部门领导者的身份中,这是以前她没有做过的。

麦克纳说,在那些谋求升职——试图从销售总监跃升为销售副总裁的领导者身上,她观察到了一个常见的错误:他们为了得到晋升一直在错误的事情上发力,或者他们忽视了当前的岗位而导致业绩下滑。

"销售代表对我说,'好吧,尽管过去 3 年我只完成了 75% 的销售任务,但我去年还创建了一个生日俱乐部……那不应该让我升职吗?'"麦克纳说,"我告诉他,最重要的是你要有超越目标的坚定决心。你必须首先完成你的本职工作,然后才能专注于其他任何非本职工作。一旦开展非本职工作,这项充分发挥自我才能的工作必须针对你的高管所关注的目标。花时间了解你的高管正在尝试解决什么问题,然后帮助他们实现目标。"

如果你连本职工作都做得不够出色,那么你就很难证明自己在得到晋升后会做得更加出色。

"成为同级别员工中的佼佼者,然后再充分发挥自己的才智。当你发挥自我才能时,你需要解决问题,尤其是经济问题,而且是你的高管最为关切的问题。"麦克纳说。

在首次晋升至高管之前,麦克纳花时间与销售执行副总裁聊了聊。她表示会竭尽全力帮助他解决问题,并问他:"今年你期待获得什么样的成果？"

销售执行副总裁告诉她要裁员而且要速战速决时，麦克纳以高管的方式自己解决了这个问题，尽管当时她还未担任高管一职。

她让团队中的成员感受到他们"不只是一个个的数字"，这样在建立起团队归属感后他们就不会离开。她还创建了一份入职和指导计划，以便他们更快地成长。然后她一直跟进这个计划，这样她就可以掌握团队成员的投资回报率（return on investment，ROI）。

"没有人会坐在那告诉你是什么让他们夜不能寐，所以你必须自己找出答案。"麦克纳说，"对让你'彻夜难眠'的问题采取极端负责的态度，是从中层管理者真正转变为一名高管的关键。"

通过学习不同的工作方式来实现转型

作为初创公司高管，你的执行水平取决于你的组织大小和规模。你可能还需要数年时间才能给下属分配工作。在建立销售部门的早期阶段，例如，作为高管你可能会建立一些流程或以实际操作的方式使用销售支持平台和客户关系管理（customer relationship management，CRM）工具等。但是，一旦你扩大规模，你就会聘请一名销售运营经理或将其外包给你团队中的其他成员。当你成为中层管理者或高管时，弄清楚哪些任务会发生变化是很重要的。

从大公司高管到初创公司高管：埃琳·兰德的故事

国际公益组织塑料银行（Plastic Bank）的首席运营官埃琳·兰德首次担任高管是在一家大公司，而在初创公司出任高管则在那之后。那家大公司发展势头迅猛，有数千名员工。据她说，在那里的首次高管经历"简直让人生不如死"。

"你首次出任高管的过程往往最为艰难，因为这是第一次有人愿意在你身上冒险。"兰德说，"一旦你获得了高管头衔，从那时起，其他人都会认为你就是高管。"

兰德首次担任高管时负责一条业务线的盈亏，而她能拿下这个职位，是因为她在担任经理的时候表现出色，证明了自己的能力，而且她的导师们也给予了她帮助，并相信她的学习能力，坚信她能够成长为一名高管。

"成功的关键之一是身边有一群亲密的人支持你的成长。"兰德说，"我身边有一群人，他们非常慷慨地向我提供支持和建议。"

曾经有一个跨国公司的主管向兰德透露，她在一次会议中的表现并不太好。会议一开始，兰德没有任何寒暄就直接进入工作状态，该主管说这不符合公司的运营模式和企业文化。

"他告诉我要花时间与参会的每个人建立联系，交谈的时候带点人情味儿。"兰德说，"我则认为大家时间紧迫，只会通过我做的事情来评价我，大家期望的是我能交付成果。我不想浪费大家的时间。"

兰德的导师帮助她意识到，领导力不仅仅是交付成果，还需要在组织中建立关系、建立信任；而且不仅是在你自己的团队中，还要与你的跨部门同事和其他人。每个人都希望被看到。

通过听取导师们的反馈意见并加以应用，她最终获得晋升，负责管理一家资产达数千万美元的80多人的公司。

"公司首席执行官认为我不应该担任这个职务，因为这对我来说是一个巨大的飞跃。"兰德说，"我只领导过一个只有几个人的团队，但我的导师认为我会表现出色，并说服了首席执行官。"

有了在大公司首次担任高管的经历，兰德成功就任一家初创公司的高管。这之后她面临着"成长的痛苦"，即把她的大公司经历与一种截然不同的初创公司文化联系起来。她说她的朋友，甚至她在大公司的一些支持者都怀疑她是否能成功转型。

"你就像全美职业女性大赛（Ms. Corporate[①]）的冠军。"他们告诉我。"哦，你会讨厌它的。你肯定做不到。"兰德说。

兰德没有理会这些反对者，她认识了一群来自硅谷的同行，她们关注企业中的女性赋权（women's empowerment），并鼓励兰德多谈论她的贡献而不是她的角色。兰德被引荐给了一位初创公司创始人，该创始人曾担任过开放式运营负责人，在与他见面时，她已经能够自信地讲述自己在大公司的经历如何帮助他的初创公司实现发展。

"我不会说我曾担任过跨国公司的高级总监，我会说：'我知道如何从零开始搭建组织，也知道如何让一个组织起死回生，我还知道如何重建那些需要快速重建的组织。'"

从大公司高管转型成为初创公司高管时，兰德表示，"把在大公司的行为习惯改掉"需要时间。兰德学会了将更多的个人生活与她在初创公司的职业形象结合起来，她在团队中变得不那么强势，甚至在社交媒体上与团队成员成为朋友。虽然适应初创公司的文化需要付出努力，但她发现，她的技能和在大公司获得的知识在初创公司的环境中显得十分珍贵，她早期就是依靠这些获得了成功。

根据初创公司的需求，她很快就为自己磨炼的运营技能找到了归宿。由于她之前在大公司就接触过相关工作，兰德对参加董事会会议和

[①] 全称为 Ms. Corporate America，是美国一项商业友好型比赛，旨在表彰女性企业专业人士、商业领袖和首席执行官，为职业女性提供了一个提升自己、彰显公司和服务社区的舞台。——译者注

会议汇报的准备工作非常适应。

"第一次担任初创公司的领导时,我看到了其他同事向董事会报告的内容。我当时想,'你们在做什么？这简直一团糟。你们怎么能给董事会汇报这些垃圾？'"兰德说。

在第一次董事会会议前的一周,兰德重新整理了公司的所有材料,包括财务模块和报告结构。董事会对她的努力成果"非常满意",而且创始人终于有了一个得力助手——她能够按照董事会期望的方式进行沟通,她组织信息的方式也让董事会更易理解并且能更有效地提供反馈。

兰德说,曾经她的个人生活和职业生活之间有一堵"非常坚固的墙"。在那家大公司,她了解到将两者融合起来十分"不专业"。在初创公司,当全球各地的团队成员在社交媒体上给她发好友申请时,她很紧张。她的一位直接下属告诉她,他们想了解她,也想让她了解他们,她把这个反馈牢记在心。

"现在我明白了,没有什么比你周围的人更重要,所以你现在手头在忙什么并不重要。如果有人走到你的办公桌前想跟你交流,你就应该停下来交流。你不应该让他们觉得你很忙碌。"兰德说。

实现飞跃：从"负责人"开始，一旦证明自己的成功就把你的头衔变成正式的

在《杰出的首席执行官》(The Great CEO Within)[①] 一书中,第二作者亚历克斯·麦克考（Alex MacCaw）主张首席执行官让下属以"负责

[①] 该书由马特·莫卡里（Matt Mochary）、亚历克斯·麦克考（Alex MacCaw）、米沙·塔拉韦拉（Misha Talavera）三人合著。——编者注

人"的身份开始他们的新事业。"把每个人都叫作'某某负责人',那么最终要将一些人提拔为高级副总裁的时候,他们就可以轻松地融入组织,也不会让任何人'降级'。"[1]

对第一次担任初创公司高管的人来说,最大的机会就在这里,尤其是那些希望在当前组织获得内部晋升的人。去争取担任负责人,遵循本书的指导(以及埋头苦干)来赢取你的第一份高管职位。

通过咨询来降低第一份高管工作的风险

在成为初创公司高管的道路上,我无意中发现了一种职业加速剂——咨询。少数群体因系统性偏见而被认为没有发展潜力,而且也没有过往的业绩作为证明,因此他们需要找到一种方式来弥补差距。咨询可以成为那个方式。

我曾在几家初创公司多次担任过总监,在我辞职期间,我决定在寻找下一个机会的同时做一些咨询工作。我一时兴起同时申请了总监和营销负责人的职位。在一些公司,"负责人"算是一个临时替代者,可以指从高级经理到首席营销官的任何职位,所以我不一定非要申请高管职位。

这也是我在前言中提到的那场跟风险投资人的决定性对话。在那之后,我开始将自己定位为"求职营销方面的兼职领导者①",许多早期的初创公司将其理解为初创公司的营销高管角色。不需要任何人的许可,我就开始为初创公司做高管级别的营销工作,为他们重新制定市场

---

① 兼职领导者(fractional leaders)是指在一段时间内协助一家公司发展的拥有高水平技能和专业知识的人士,他们通常担任高级经理或高管的角色。——译者注

营销策略。有些事情我不知道该怎么做，但我作为一名付费咨询顾问，我有机会学习如何为我的客户做这些事情，而且没有"作为一名高管"的任何压力。我做到了！

我的咨询之旅包括学习如何创建营销预算和年度计划表（感谢前雇主和电子表格大师马特·哈拉达，他们指导我完成了这项工作）。我学会了如何为我的客户快速建立和扩大营销部门以赢得回头客。有一个咨询客户在我们合作约四个月后被一家上市公司聘用，然后我开始与三个新客户合作，这三个客户最终都为我提供了"营销负责人"或"营销副总裁"的全职职位。就这样，我的客户将我视为营销部门负责人的合适人选，我也加入了其中一家公司。通过在岗位上充分证明自己，六个月后，我申请并顺利晋升为营销副总裁。

"如果你有时间做咨询工作，你可以先做三个月试一试，看看你是否真的热爱这份工作，然后再决定是否接受。我很欣赏在你发现自己适合做高管时首先试试看的做法。"负责客户成功的高管埃米莉亚·丹其卡（Emilia D'Anzica）说。

如果你是一名总监或"负责人"并且想成为一名真正的高管，那么咨询可能是一个"活出你想要的生活"的好方法，它可以降低风险，给自己一个成功的机会而不必担负全职工作的压力。可能发生的最坏情况是，在你全职加入某家公司时，你决定重新担任中层经理。不是每个人都可以在没有商业或健康保险等保障的情况下轻松地做咨询工作，因此你必须评估你的情况，以及你是否可以通过这种方式晋升到领导层。就我而言，我已经拥有一份咨询工作，还有一家有限责任公司可供我在寻找下一份全职工作的间隙工作。

珍妮弗·赖斯在Pavilion（一个为营收负责人提供支持的成员组织）创建了学习项目，设立了一些课程来帮助专业人士在他们的职位上实现转变并获得成功。赖斯目睹了"副经理"如何通过实践培训以及加入由同行和导师组成的支持性社区而成为高管。

许多有抱负的高管目前的工作并不属于高管的职责范围，这意味着他们不太能接触拓展自我能力的项目。这与涉及你所在部门的其他领域或接触其他部门的延展性任务（stretch assignments）不同。Pavilion 的课程让那些有抱负的高管学会利用数据讲故事、建立财务模型以及学习其他初创公司高管所需的技能，让他们有机会站稳脚跟。

无论是通过咨询，在 Pavilion 这样的组织中学习课程，还是在当前的岗位上学习，你都可以找到获得成功所需的技能，而且只有在你尝试过后才能真正了解该技能对你的影响。

第三章　CHAPTER 3

了解和评估你与各类初创公司的匹配度

> 初创公司高管失败的一个常见原因：选择了一个不合适的职位。下文的内容是关于如何避免这种情况并找到适合你的职位。

选择一家适合你的初创公司

初创公司因阶段、规模、成熟度、位置、创始团队、公司价值和市场而有所不同。如果你是一家正在扩张的初创公司的高管，那么随着公司的发展，这些属性中有很多都会发生改变。

在评估新的机会时，要确定对你而言最重要的是什么，并提出问题以确认该机会与你正在追求的东西一致，要知道你可能需要在初创公司的关键时刻重新评估。

为什么提问很重要

面试中，当你通过提问来了解某家初创公司是否合适你时，该公司的回答会让你基本清楚你正在面试的这家公司属于哪种类型，以及它是否能吸引到你。当然也有例外，对于你询问的某些问题，公司的回答可能空洞无物甚至令人失望。但请记住，每家初创公司都有一些不完美之处。这就是它聘用你的原因——帮助它变得更好。你之所以询问很多问题，是因为想了解自己能帮助这家公司解决的首要问题是什么，以及公司的价值观和优先级是否与你自己的一致。不要羞于询问薪酬问题，如果你要为了某个职位减薪，那么你应该了解公司的股权价值是多少，以及公司的长期优先事项是什么。

例如，该公司是否正打算冒险筹集数亿美元资金，要么成为下一个追逐庞大的总潜在市场（total addressable market，TAM）的独角兽公司，要么一败涂地？也许它们更加谨慎，在打造产品时会放慢增长速度，或者它们已经有条不紊地占领了一个细分市场的特定领域。一旦你确定了你想要进入的公司环境，你就可以通过听取答案来帮助你评估你与这家公司的匹配度。

面试过程中要探讨的问题示例

- 公司的筹款状况如何？
- 公司的目标市场（target market）、总潜在市场和可服务潜在市场（serviceable addressable market，SAM）分别是什么？
- 年销售价格（annual sales price，ASP）是多少？
- 公司产品是否与市场需求契合（product-market fit），或者是否有实现契合的途径？

- 公司现在的获客成本（cost per acquisition，CAC）是多少（大概数字也可以）？
- 净推荐值（net promoter score，NPS）和净收入留存率（net revenue retention，NRR）分别是多少？
- 公司的长期目标（或更长期目标）是什么？
- 哪些人符合理想客户画像（ideal customer profile，ICP）？
- 领导团队中还有哪些人？扩大公司规模的计划是什么？
- 股权结构表（capitalization table）是什么样的？公司的退出方案是什么（如果有的话）？
- 公司计划什么时候再次融资？
- 公司的现金状况如何？

其他考虑

该公司的目标市场是什么？该公司正在解决的问题是什么（以及你是否关心）？

这些市场包括教育技术、制造、娱乐、建筑、云托管、内容交付网络（content delivery network，CDN）等。科技初创公司有这么多市场！你想做什么？你想把产品卖给谁？你想产生什么样的影响？你想把产品销售给大企业、中小企业、学校还是政府？你需要考虑一下。采取哪种商业模式？企业对企业，企业对消费者（business to consumer, B2C），企业对企业对消费者（business to business to consumer, B2B2C），还是企业对政府（business to government, B2G）？

研究竞争或市场

作为初创公司的高管，无论你是在产品部、客户成功部[①]、市场营销部、销售部、财务部还是其他部门，你都需要对市场有自己的见解。随着你所在的初创公司逐渐发展成熟，你对市场的理解可能会发生转变，但通过了解你所处的部门，你可以更好地说明你代表企业所作的贡献。

借助你的人脉或公共评论网站（如领英和Glass-door[②]）来研究该公司团队

公司会对你进行背景调查，而你也需要清楚哪些人是你未来的同事，以及他们之前的工作经历。同时，你还需要在社交网站上查看公司的声誉。虽然不是所有信息都是最新的，但你可以从简单的网络数据中收集到惊人的信息。你可以找出和未来同事之间的共同点、共同好友以及任何帮助你了解他们的信息。

评估联合创始人之间的关系

根据关系专家、治疗师兼作家埃丝特·佩瑞尔（Esther Perel）的说法，至少65%的初创公司因联合创始人之间的关系破裂而倒闭[1]。佩瑞

---

① 客户成功部，customer success，帮助客户获得成功的业务部门，负责扩大用户群体，优化客户体验，提高服务品质，加速客户成长。——编者注
② Glassdoor是美国的一家做企业点评与职位搜索的职场社区。在Glassdoor上可匿名点评公司，包括其工资待遇、职场环境、面试问题等信息。——译者注

尔的研究强调，积极的联合创始人关系对于成功的公司至关重要。试着在加入初创公司之前了解联合创始人之间的关系：看看他们一起工作了多久，他们以前是否一起工作过，他们是否尊重彼此的专业领域。

"创办公司就像结婚一样，"企业家、工程师兼运营负责人埃文·亨（Evan Hung）说。

"共同创办一家公司需要做很多工作，就如同在婚姻中一样。这意味着要理解不同的价值观，把事情朝着你预期的方向推进，要知道如何化解冲突，因为冲突实际上不可避免。这不是你是否战斗的问题，这是一个时间、频率和激烈程度的问题。加入一个你认为会表现出色并能让公司进入下一个发展阶段的创始团队。"亨说。

现在越来越常见的联合创始人组合是这样的：一个技术联合创始人负责产品、工程，有时还负责客服；一个业务联合创始人负责市场推广，包括销售、客户成功和营销。每个人都负责各自的业务领域，具有相对自主权。但情况并非总是如此。

我工作过的五家初创公司都曾成功退出，在这五家中，一家为独立创始人，四家为联合创始人，而且联合创始人之间的关系非常牢固。他们的职责分工明确，将彼此的关系放在第一位，而且，不管怎么说，他们似乎都真诚地喜欢和关心对方。你要寻找这类特征：联合创始人以前成功合作过，他们非常了解彼此，并接受彼此的优缺点。如果你提前提出问题，则有望避免陷入一出混乱的创始人大戏。

了解初创公司所处阶段以及如何使它与你的目标保持一致

杰弗里·巴斯冈（Jeffrey Bussgang）是一位企业家、投资人、哈佛商学院教授，也是《进入创业之地》（Entering Startupland）一书的作者。

他描述了创业生活的三个阶段：

● "丛林"——产品与市场契合前（1~50名员工）。

● "土路"——产品与市场契合后，销售和营销规模扩大前（50~250名员工）。

● "高速公路"——扩大销售和营销规模后（250~5000名员工）。

巴斯冈将"丛林"阶段描述为产品与市场契合前的阶段，在这个阶段，业务充满未知数，通常处于"高风险"之中，无法保证获得成功。我们还有一个可扩展的、可行的商业模式吗？这是初创公司在这个阶段经常需要问自己的问题。

"土路"定义了这么一个阶段：创业之路在一定程度上是晴朗的，但也伴随风雨和颠簸。这个阶段是产品与市场契合后的阶段，但仍处于可重复销售和营销的早期阶段。创始人可能仍然要花大量时间和精力在销售上，年度经常性收入（annual recurring revenue）不像成熟公司那样可以预测，但在这个阶段有经过验证的市场吸引力，通常还有标志性客户的加入。

在"高速公路"阶段，公司已经扩大销售和营销规模并实现产品与市场契合。可以把这个阶段视为快速发展的阶段，在这一阶段，公司经常登上头条，其形象是飞速成长的科技公司，不是因急于证明自己而饱受质疑的初创公司。这一点当然需要通过实践才能验证（或者，更具体地说，是通过市值才能验证）。

"一旦处于高速公路阶段，一切都会非常平稳而且会不断重复。"巴斯冈说，"你一直在努力让所有系统运行起来，实现赢利，并让那些公司的经济效益真正发挥作用。"

巴斯冈说，对于不同的人，能激发他们兴趣的东西不一样，他们愿意承担的风险也不一样。

"这是我鼓励人们思考的两个方面。"巴斯冈说，"首先，找出什么让你感兴趣，是产品与市场契合之前的工作，还是产品或技术方面的工作，或者你想了解可重复销售和营销的阶段是什么样的，又或者你想了解一个赢利的、高度可扩展的模型是什么样的。其次，考虑风险：你愿意承担高风险、中风险还是低风险？这个决定取决于你的风险偏好以及你在生活中处于什么位置。"

你是否与领导团队保持一致

你需要与你的同事保持足够一致的步调，愿意投入大量时间共同应对挑战。在与人合作之前可能很难了解他们，但如果你认真对待一个机会，那么就值得去做尽职调查，并了解你将加入和合作的团队。我的想法是：去专业的社交媒体上，看看他们是如何沟通的，与共同联系人聊天并收集数据，就像你收集公司其他方面的数据一样。这样你会对之后的合作有更多的了解。

需要注意的其他方面的匹配度

净推荐值、产品与市场的契合度、销售和用户增长以及资金状况等都是衡量企业发展的指标。了解你与这些指标的一致性很重要，但我认为，与匹配度有关的定性指标同样重要。如果一家公司不适合你，你很难在这家公司取得成功，但合适的公司可以帮助你产生最积极和最成功的影响。

一些匹配度的示例

- 公司价值观与你的个人价值观相一致。
- 一家你觉得与产品和客户群有共鸣的公司,也许可以使你亲身感受到初创公司需要面对的挑战,或者理解消费者群体,或者在该领域拥有丰富的工作经验。
- 与团队或联合创始人建立牢固的潜在关系。
- 你能全身心投入工作吗?(即你的同事们是否代表不同类型的人?这家初创公司是否以个性和包容性为导向?或者每个人看起来是否像创始团队的"迷你版"?)

我曾经在一家公司工作过,我对首席执行官评价很高,并且在观念上非常认同公司的使命,但我感觉我与我们的目标市场或客户的问题没有很强的关联。我无法与他们产生共鸣,即使我尝试对他们遭遇的挑战产生同理心。这是我最不喜欢的一份初创公司工作,尽管我的薪水很高,而且从简历上看,这个职位与我的技能和背景十分匹配。我表现出色,我的职业发展也有所提升,但在我离职之后,我开始为我更关注的目标市场工作并解决问题,我变得更快乐了。

评估你所在初创公司的多元化和包容性的成熟度

来自少数群体的领导者需要明白,无论走到哪里我们都会面临挑战。奥布里·布兰奇是一位自称是酷儿(queer)[①]的拉丁裔残疾人,她

[①] 酷儿,是所有不符合主流性与性别规范的少数群体所使用的身份、政治和学术用语。它既是身份标签(性别酷儿),也是一种政治策略(性别酷儿/酷儿身份),同时也是一种文化分析概念(酷儿理论)。——译者注

给那些正在评估公司文化包容性的领导者们分享了以下建议：

"每个人在任何特定工作中都会面临轻微的冒犯和压迫，对此每个人都有自己的容忍度。"布兰奇说，"如果人们告诉来自少数群体的领导者，你不会在工作中遇到这种情况，这就是在说谎。所以问题变成了：'我在多大程度上愿意忍受这些废话？我能接受公司内部关系失衡到什么程度？'"

布兰奇说，来自少数群体的领导者面临着额外的"税收"，因为他们在每天的工作中需要考虑各种形式的压迫带来的影响，而来自主流群体的领导者则不一定都有这样的顾虑。

"作为来自'小众'背景的领导者，可能会产生疏离感，因为公司里的大多数人不与'小众'领导者共享同一套价值经验。"布兰奇说。

你在创业阶段的风险承受能力如何

如果你加入处于种子阶段的 A 轮融资公司，你的股权上升空间（潜在回报）会更大，但你在加入公司时很可能工资基数较低（也称为"降薪"），而且你的股权是否会有价值、公司的清偿事件是否很快会发生，这些都无法保证。而在上市公司，受限股（restricted stock units，RSUs）具有明确的价值和流动性，因此早期股权风险更大。根据 Carta[①] 公司的说法，当男性员工拥有 1 美元股权时，女性员工仅拥有 0.49 美元的股权。[3]

大多数处于早期阶段的公司不太可能同意给出与 B 轮及更高级别

[①] Carta 是美国一家致力于为客户提供电子证券和股权结构软件的股权管理服务商。——译者注

融资公司相当的高管薪酬，因此，如果你真的想要拿到更高的薪酬从而降低风险，那么要在处于 B 轮融资前的初创公司找到薪资不菲的高管职位是困难的。

在加入早期阶段的公司时，你可以通过要求签署这样一份协议来规避风险，即在公司获得关键收入或者融资的一些节点，将你的薪酬"调整到"与市场行情相匹配的程度。

你能接受多少执行工作并"亲自上手"

在不同发展阶段的初创公司，你将承担的执行工作有多少？在 A 轮融资的公司中，营销负责人会花费大量时间处理杂事，例如安排博客文章、修改白皮书、设置营销自动化活动、给供应商打电话确认定价，甚至是扔垃圾这种事情。随着公司规模的扩大，这些都会发生改变，你将更加专注于授权他人来完成工作。如果你想成为种子轮或 A 轮融资初创公司的销售副总裁，你平时可能只需浏览运营部门为你创建的仪表板，而已经很多年没有使用过 Salesforce[①] 了，那么此时你需要做出一些调整。在初创公司发展后期，即使不亲自做执行工作，你也不能对战术性的细节工作毫无了解，但要知道，当你加入一家处于早期阶段的初创公司时，你需要亲自做很多繁重的工作。

如果你是销售负责人，而且你在个人客户主管的岗位上一直很成功，总是超额完成任务，但你从来没有扩大过销售代表团队的规模，或者从来没有制订过战略计划，尝试将年度经常性收入增加到 2000 万美

---

① 是一个以提供个人化需求进行客户管理规划和服务的互联网企业，其总部位于美国旧金山。——编者注

元，那么事情就会比较困难。在你的业务范围之外，如果想要完成两步或多步的飞跃，你必须对成功和成就有不同的思考。找到适合你的初创公司阶段，你就可以发挥你的长处并利用它来成长，这将使你和初创公司都获得成功。

如果你首次担任销售负责人，就能在目标市场完成每年数百万美元的营销指标，并且能让公司在销产品的平均销售价格（average selling price，ASP）高于市场水平，那么你可能非常适合加入一家年度经常性收入正在迈向第一个100万美元的公司，成为第一任非创始人的销售高管，而且你还可以学习如何围绕该年度经常性收入的目标构建流程，并在此过程中扩大团队。这并不容易，但是如果你在这样的背景下加入另一家公司，试图将该公司的年度经常性收入从100万美元提高到1500万美元，并且你从未有过这方面的经验，也从未扩大过团队规模，相比之下，加入前一家公司还是更容易实现。

例如，在我的第一份初创公司高管工作中，我是以"负责人"的身份入职的，并且我在该公司的目标市场和产品平均销售价格这两个领域拥有十多年的经验。除了高管这一角色，我在其他方面都是专家，而且我在工作的过程中也逐渐学到了我需要掌握的高管知识。如果我尝试加入一家处于创业后期的公司，或者一家缺乏市场经验的公司，那么我会觉得更加困难。

尽量让跃升的步伐在可控范围以及你的舒适区内，从而使自己获得最大的成功。

确定你理想中的初创公司阶段

如果你以前并未当过领导却想成功进入领导层，那么加入早期阶段的初创公司就很合适，因为公司和你一样都处于成长期。如果你能证明自己具有成长性，那么在初创公司早期"上车"，获得股权并和公司一起成长，这就再好不过了。

风险投资人兼作家杰夫·巴斯冈表示，在加入初创公司或处于成长阶段的公司时，你通常是第一次担任高管，因此需要同时完成三件事：

1. 了解公司所在的领域和市场动态。

2. 在你的职能领域（客户成功、销售、营销、运营等方面）拥有专业知识，包括行业前沿的最佳新式实践。

3. 执行和领导技能（包括本书讨论的话题）。

巴斯冈说，这三点很难在一个单打独斗的领导者身上体现出来。你完全可以在处于成长阶段的公司中寻求一个职位，但在后期阶段，董事会通常希望创始人聘用一个"以前做过"并且可以证明自己在前述领域做出过成绩的人。在招聘首席营收官（chief revenue officer，CRO）或销售副总裁时，B轮融资的初创公司会寻找这样一类人：能够证明自己曾建立过团队，成功地指导过团队成员并让公司获得可重复的、可观的销售收入。

"当一个客户不满意时，会引发某些问题，然后客户必然会流失。"巴斯冈说，"你应该去查看一下那些领先指标，通常是使用率、净推荐值、登录次数、任务时间和应用程序停留时间。这些都是客户对产品满意度的领先指标，而不是客户流失率的滞后指标。"

"如果你学到了很多东西，并且能够证明你所学的知识能帮助公司增加其股权价值，那么我不在乎你的收入是否为零，甚至是否两年内都是零。"巴斯冈说。

第四章　CHAPTER 4

谋求下一份初创公司高管工作：内部晋升或跳槽升职

> 你能在当前就职的初创公司里晋升为高管吗？这要看情况——有些情况下能，有些情况下则不能，至少短期内不能。如何跳出目前就职的公司，寻找下一份初创公司高管的工作？

你是否希望在当前就职的初创公司中通过内部晋升首次当上高管？本章讲述了经理、总监或初创公司"负责人"转型为高管的亲身经历，他们做了哪些准备，他们如何提出申请，以及我自己的真实故事：历时七个月，我在一次简短到令人震惊（仅十分钟）的讨论后成功晋升，首次担任公司高管。

许多首次担任初创公司高管的人通常以"负责人"的身份加入公司，再通过证明自己的能力，成为一名真正的高管。这条职业发展路径正好符合风险投资公司和加速器公司就创始人如何提升其早期所领导团队的能力提出的业界普遍建议。

我的首份高管工作：加入早期初创公司并晋升至副总裁

我的首份高管工作是从"负责人"做起的，在这个职位上我证明了自己有能力负责所有的营销工作，六个月后我就被提拔为高管。在晋升至高管之前，我曾以"负责人"的身份做咨询工作，其间我涉足了营销领域中的不同职能和工作，这既包括战略方面的工作，也包括日常的执行工作。

从"负责人"晋升到副总裁的谈话总共只持续了十分钟。我向首席执行官汇报了突显我过去六个月业绩的指标数据，并恳请他将我升至副总裁，而不是从外聘请职级比我高的营销人士。首席执行官告诉我，我早该争取高管职位了，因为他早已把我当作一名高管！事实证明，成为"负责人"并出色完成这份工作（此前是咨询工作）对我而言是一条很合适的道路。

要做到这一点，关键是要明确你的意图并让首席执行官（或直属经理）清楚你的目标。要让他们知道你不想过度承担不属于你职位的工作，了解他们对你以及对这个职位的期望。例如，如果他们明确想要在A轮或B轮融资中引进一位经验丰富的副总裁或首席财务官，你就应该知道这一点。如果他们愿意提拔你来担任这个职务，那么你就要有一条更清晰的路径来实现这一目标。

安娜利斯·布朗首次晋升为高管的经历

CampMinder[①]公司的人力资源副总裁安娜利斯·布朗（Analiese

---

① CampMinder 是一家为营地业主提供线上营地管理、运营和沟通系统的公司。——译者注

Brown），曾经在一家名为 ShipCompliant 的自筹资金初创公司担任人力资源部门负责人，这是她首次担任高管。最初就职时，她并不是作为高管团队的一员，她以中层管理者的身份进入公司，并通过内部晋升在公司领导层中赢得了一个席位。在她最初进入公司时，公司的年收入正朝着 1000 万美元迈进，不过领导团队还未组建完成。在 ShipCompliant 公司，布朗担任过的最高职务是总监。然而，作为最资深的人力资源专业人士，即使只有总监头衔，她还是成了高管团队中的一员。

"我当然有影响力和一定程度的权力，但当我加入时，我在高管团队中并没有一席之地。"布朗说。

布朗是她所在公司里最资深的人力资源专业人士，随着公司的发展她的职责也越来越多。她最终能够晋升到高管职位是因为她的行为处事就"仿佛"她当前的职位已经是高管了。她没有放弃以执行工作为重点的职责，但她也为企业承担了更高层次的战略思考，并将这种思考融入她以高管方式管理的部门中。她的做法是让自己的晋升与公司的发展保持一致，让公司意识到她主管的人力资源部门在公司业务中必不可少，因此她应该在高管级别的领导层中占有一席之地。

布朗表示，随着业务的成熟，现有的高管团队终于意识到"员工参与"、人力资源和人员运营（people ops）这些部门的领导者都需要在高管团队中占有一席之地。她帮助高管团队了解到，为公司的高管团队配备适当的人力资源和人员运营部门领导会在各个方面有助于公司赢利。

布朗晋升为高管的经验是：

● **将她取得的成绩与高管级别的业绩挂钩。**通过制订与业务成果相关的战略计划，她让公司意识到她所管理的部门应该在高管团队中占有一席之地。

● **积极主动地掌握所有权。**她积极主动，像一名高管一样管理她的部门，即便此时她或者公司都未正式认识到人力高管的必要性，公司也没有人力高管这一头衔。

● **将她取得的成绩汇报给高管团队**。她学会了"以高管的方式说话"，所以高管团队甚至在她升职之前就将她视为团队中的一员。

● **着眼"全局"，让她的角色与业务需求保持一致**。根据企业要实现的目标，布朗制定了战略性的企业职位，并找到了可以增加她个人价值的方法。

● **增进对主管部门中经验不足的领域的了解**。布朗对她所在的部门（人员运营）的各个领域有了更多的了解，她需要在人力资源、招聘、员工成本、员工福利等领域取得成功。

"在担任高管之前，在原来岗位的那几年，我有机会真正展示自己不仅可以出色地完成本职工作，还可以从宏观角度来确定公司的发展目标。"布朗说。

最终，布朗的公司被收购。她认为作为一家小公司的一员，她身兼数职，承担了比描述的正式职位更高级别的各种职责。

布朗建议新晋领导者在向高管级别的领导者转变时应该提出以下问题：

● 公司在战略上要实现什么？

● 公司最高级别的愿景是什么？

● 公司最高级别的战略和目标是什么？我如何才能增加我的价值并在我的岗位上对战略和目标做出回应，然后明确阐述我是怎么做到这一点的？

● 如果我完成了对公司很重要的高管级别的目标，我能得到晋升吗？

为了在当前公司从总监晋升为副总裁，布朗研究了其他同类规模公司中不同部门的职位描述，了解了每个职位的需求，明确哪些职位是副总裁级别，哪些职位在某些情况下甚至属于首席管理层的级别。

"我在公司内部向首席执行官和团队其他成员介绍了这一点，并分享了研究成果。"布朗说。

布朗研究了总监、副总裁和首席管理层这三个级别之间的职责差异。她找到人力资源部门中关于每个级别的职位描述范例，并将其与员工正在做的工作以及他们负责的内容一一对应。她在 CampMinder 公司提出了从总监转为副总裁的晋升申请。

"当我知道我的职位应该实现的目标时，我在向首席执行官申请时就容易给出理由。"布朗说，"这显然不费吹灰之力，担任副总裁对我来说是一种顺理成章的转变，因为我的职责并没有发生太大变化。"

布朗说，一旦她正在做的工作能在公司的组织结构图中"有所体现"，她就很容易让团队认可她属于副总裁级别并给她这个头衔。

尽管在许多方面布朗已经充当了副总裁的角色，但职位的转变促使她在以下几个战术和战略领域获得进一步提升：

● **将员工体验视作是一种竞争优势**。布朗不仅关注内部的员工参与度，还关注她的公司在市场上的表现。"我问自己，我们如何才能既创造最佳的员工体验，又了解人才市场和可能影响市场的外部条件？我们不应局限于仅关注自己的组织，还应理解影响人们工作体验的文化和社会因素，以及这些因素与工作的关系。"布朗说。

● **对业务有战略性了解，包括自己的工作将如何支持公司在市场中的定位**。布朗首先明确她的组织和公司希望在市场上是什么定位，然后利用这一点做出战略决策，让她的工作服务于更大的业务目标。"这包括我们如何改善现有员工的体验，让我们与竞争对手区分开来。"布朗说。

● **向董事会和其他股东汇报**。在 ShipCompliant 和 CampMinder 两家

公司任职期间，布朗学会了如何与投资者交流，并以他们能理解的方式解释她负责的项目的关键绩效指标，并将该指标与业务目标联系起来。

● **将财务知识应用到人员运营部门的战略上**。布朗学会了以高管级别的身份来解释和制定基本预算，尤其是部门预算。"我需要消化和理解全公司的预算和预测，因此真的要花时间学习以确保我理解正确，并与公司的首席财务官保持信息同步。"布朗说。

从通才到专家：如何"晋升"为专业领域的高管

我最近参加了一场招聘销售副总裁的面试，候选人向我们的高管团队展示了一套推销方案。他的展示很透彻，明显是经过深思熟虑的，表明他认真倾听了我们的业务需求。如果这是一场真正的推销宣传，我们很可能会购买他的产品。具备这种能力说明他是一位出色的销售领导者，同时也是一位高水平的客户执行经理（account executive，AE）。

然而，这位候选人尤其需要表现出他具备打造并管理一个客户执行经理（以及销售运营和其他领域）团队的能力，而不仅仅只是个人业绩出色。他没能做到这一点，因此我们最终没有聘用他。他是一位出色的个人贡献者，但并没有向我们证明他能超越自身并胜任副总裁一职。这个候选人的例子表明，如果你是一个部门的高管，你能够在初创公司中既胜任本职工作，又表现出领导能力，你的工作就会有保障。

学会平衡战术与战略

你需要了解影响你的初创公司的市场和业务领域，而不仅仅是你的特定职位。在战术层面上"专注细节",了解你的组织所涵盖的系统、工具和关键领域,同时还要授权其他人做执行工作,这样你就不需要自己做所有的事情。

许多有抱负的初创公司高管被困在战术层面,而目前大量的初创公司高管如果无法理解战术是如何上升到战略层面的,就会在战略层面苦苦挣扎。

既要熟悉高级战略,又要熟悉战术细节(即使你没有亲自执行)。如果你能学会在高层战略和底层战术层面提供价值,你就会成为公司必须聘用或必须提拔的人。

了解你的"舒适区"之外的业务领域

中层管理者负责的项目不多,掌握的信息较少,相比之下,一个部门的高管必须把控更多的项目。例如,如果你是负责挖掘需求的总监,请花时间了解产品营销或产品内容。如果你目前是一个担任客户执行经理的个人贡献者,你最终想成为销售副总裁,那么接下来你应该朝销售总监或销售经理的方向努力,这可以为你成为副总裁甚至最终成为首席营收官做准备。

如果你有兴趣成为高管,请考虑如何学习你以前可能没有负责过的其他职能领域。一种方法是承担你所在领域之外的"拓展自我能力的项目"。有时候在一些公司里,即使你已经履行了本岗位的职责,你还是不太可能去做其他领域的项目。为了解决这个问题,你可以在网上学习课程或在该领域做咨询工作(通过获得报酬来学习)。

拥抱学习或"成长"思维模式

卡罗尔·德韦克在她的开创性著作《思维模式》(Mindset)一书中写道，学习对于成长至关重要。尽可能多地阅读行业出版物、收听播客、参加网络研讨会以及参加本地和非本地的聚会（后疫情时代的一个优点是我们将看到更多混合活动[①]）。有些团队提供免费的教育聚会，许多公司在本地（或以线上虚拟形式/混合形式）组织用户群之间的聚会。

"这一行不需要第一次就做得很好。"领导力专家安妮·莫里斯说，"在这个行业要尽可能地快速学习，然后对新的见解做出反应。对我们大多数人来说，这种学习既不可靠也不直观，我们中的大多数人必须停下来认真思考我们的成长。"

如果你想获得一项技能或变得学识渊博，你如今可以找到各种形式的教师。你可以找一个能一起学习的伙伴，最好是一个同样希望在某个领域获得技能或发展自己事业的同伴。彼此互相支持，互相帮助，最后实现目标。当有人来到你身边和你一起在领导角色中成长时，你会惊讶地发现这一切是多么有趣。

史密斯首次受聘高管：在前公司实现内部晋升

妮科尔·沃伊诺·史密斯（Nicole Wojno Smith），现任 Tackle[②] 公司

---

① 混合活动（hybrid event）既包含"现场"的亲身体验活动，又包含在线的"虚拟"活动，是一种线上线下相结合的活动。这种活动可以是贸易展览会、会议、研讨会、讲习班或其他形式。——译者注
② Tackle 是一家致力于帮助软件供应商在云市场中销售软件的公司。——译者注

的营销副总裁，曾经就职于亚特兰大一家提供客户成功 SaaS 的初创公司，在那家公司她通过晋升成了首席营销官。

"我入职时，公司已有一位主管销售和营销的首席营销官。入职数月后，我仍担任高级营销总监，而公司认为该首席营销官能力不足。"史密斯说，"由于我已经在做营销方面的工作，我就被提拔为首席营销官——跳过了副总裁的头衔。我未必是提问题的人。我只是想掌握主动权然后说，是的，我要抓住这个机会，跟着公司一起成长。"

史密斯的晋升秘诀：与首席管理层团队建立合作伙伴关系

史密斯把她在第一份高管工作中取得的成功归功于她与首席执行官牢固的伙伴关系。

"我意识到我是公司品牌的管理人。公司首席执行官曾和我讨论过，我们如何才能一起打造这家公司，并实现他对公司的愿景？"

史密斯知道，她的责任是与首席执行官在共同的想法上保持一致并执行，同时还要学习如何与跨部门的高管同事成功合作。

"与所有其他部门合作，让他们支持该计划，并确定我们将如何合作以取得这些结果，这一点非常重要。"史密斯说。

学会围绕业务目标基于数据讲故事

史密斯在数据和营销漏斗分析方面拥有深厚的背景知识，但在她的第一份营销高管工作中，她必须学会如何在董事会层面进行沟通，并根据数据做出战略决策。

史密斯说，无论是在董事会会议上，还是面对其他高管，利用分析学讲故事都需要讲述数字背后的故事。她解释了业绩成果并展示了她计划的投资回报率，以及它们如何影响业务的战略方向。

更深入地了解跨部门的合作伙伴及其角色

在成为营销高管之前，史密斯就拥有销售方面的知识（透露一下：她嫁给了一位软件销售负责人）。她知道要成为一名成功的营销负责人，就需要让自己沉浸在销售世界中，包括学习如何预测和理解营销漏斗指标带来的销售收入。史密斯说，她还投入精力去学习如何理解产品团队的世界。

"你必须亲自体验，你必须了解产品才能有效地推销产品。"史密斯说。

与财务领导层密切合作

如果你是非财务部门的高管，那么与财务部门及首席财务官合作至关重要，因为财务部可以看到业务运营的各个方面。随着你的职位越来越高（并且随着公司规模变得越来越大），你所做的决策就不再围绕优化战术执行这方面，而更多的是需要把精力投入正确的项目中。财务负责人可以帮助你理解这一视角。

无论你在哪个部门，与财务团队的融洽关系总会派上用场。当你在最高层展示你的成果和计划时，你需要让你的报告跟财务和董事会最关心的指标保持一致。在展示幻灯片之前，找一位伙伴讨论幻灯片内容并咨询他的意见，这样就有助于保证报告的准确性和一致性。

为你的部门招募"候补"梦之队

说服一个优秀的团队与你合作并跟随你到下一家公司,这是个不小的挑战,许多高管低估了它的难度。如果你能列一份名单,上面都是非常适合与你合作的人——可以是同事,可以是在你之前的团队中比你低一级的人,或者是你在行业内遇到的合作伙伴——那么你就会比其他人领先很多。

如果你在面试中被问到如何寻找和招募人才,那么在你入职时有一个"温暖"的候补团队对你会很有帮助。举个例子,如果你是一名销售总监,希望晋升为副总裁,请联系曾经与你共事过、可能愿意加入你团队的客户执行经理,以及你以前管理过的销售开发代表,或者你人脉网中的销售运营和销售支持人员。

无论你的头衔是什么,你要对同行的人脉网有所帮助,并在信任、相互尊重和采取行动、取得进步的基础上,建立人们希望在工作中拥有的那种人际关系。这样一来,当你成功获得一份工作的时候,你就会占据优势。

第一次担任高管时,你会面临一个以直白或隐晦的方式提出的问题:"如果你此前没有招募一个优秀团队来扩大项目规模的经验,我怎么能相信你呢?"主动积极地建立人才库可以帮助你克服这种偏见,而这种偏见常常让人很难尽快获得第一份高管工作。

杰夫·安蒙斯:工程部的晋升之路

杰夫·安蒙斯(Jeff Ammons)曾是 Slack 和 One Medical[①] 公司发展

[①] One Medical 是一家基于会员制的提供初级医疗保健服务的公司,该公司既有线下的诊所服务,也提供在线资源。除会员模式外,该公司还为企业员工提供健康福利。——译者注

初期的工程负责人。在职业生涯的早期，当他第一次担任初创公司高管时，他就进入了一个"混乱的世界"。他作为个人贡献者加入公司，建立了可扩展的工程流程，并最终晋升为首席技术官（chief technology officer，CTO）。

"当时没有入职文档，我们也没有单元测试，没有可应用的软件行业最佳规范。"安蒙斯说，"我们只能边做边调整。"

当时，安蒙斯有编程背景，之前也曾管理过软件开发项目。他知道怎么实施快速见效的方案，比如如何改进团队入职和工作流程等"显而易见的事情"。

安蒙斯认为自己能取得进步，是因为他愿意"下火海"去解决难题，同时教别人如何执行，而不是亲自去完成这些工作。"我被提拔为首席技术官，不用再每天写代码，随着团队的成长，我要做的更多的是确保团队高效运转，与设计和产品完美配合。"安蒙斯说。

回过头来看，团队并没有所有问题的答案，但安蒙斯始终明确希望团队能获得成功并创造对用户有价值的东西。当他进入高管层时，为了提升自己的技能，他学习其他开发人员的教材、关注其他公司并配备了敏捷的软件开发等系统。

安蒙斯的第一份高管工作是"战术型首席技术官"——只专注于如何聘用员工、让他们为客户解决问题。他说，如果他再次担任这个角色，他会专注于为公司提供服务。

"我可能会更多地参与了解公司的业务方面，确保员工不只是快速地解决问题，而是要正确地解决问题，从而让公司的收入和用户数都得到增长。"

"在我离开第一份工作后，我创立了自己的公司，我们构建了一堆我们实际上最终并不需要的东西，而且在无关紧要的事情上花费了太多时间。"安蒙斯说。

放弃亲自写代码，学会授权给团队

安蒙斯认为，既然他已经成为一位工程负责人，他不得不放弃编写甚至审查代码。对于新的工程高管，他的建议是，从自己做事转变为学习构建工具和系统，让开发人员能够更好地完成工作。

"我不再是一名优秀的开发人员，因为现在我已经是初创公司高管，我不会每天花八个小时来做这件事。"安蒙斯说，"我现在不适合做代码审查的工作，也不适合给别人的代码提出意见反馈。现在最高效的事情是授权我的团队去作贡献。"

Gainsight 首席执行官尼克·梅塔对内部晋升的看法

内部晋升的好处是，候选人已经与公司价值观保持一致并且"渴望"获得晋升。他们向团队的其他成员发出积极的信号，表明他们也可以得到晋升。来自内部的候选人可能不像其他人那样在领导团队方面经验丰富。那些"外部"人士可能认为他们没有经验，因此内部晋升的高管可能会因其职业经历而在招募团队成员时比较困难。

为什么？因为人们通常不太愿意为第一次担任高管的人工作。他们知道，第一次担任高管的人可能不会像来自大公司的高管那样"久经考验"。

"如果我手下有一批才华横溢的领导者，但他们处在职业生涯的早期并从公司内部获得晋升，那么外部招聘的员工都不会愿意为他们工作，因为他们会在领英上查看这些领导者的职业经历，然后说，天哪，这个人在这份工作中完全是个新手。"梅塔说。因此，你需要克服偏见，成为一名优秀的人才招募者。想办法把你的价值定位为针对未来员工的服务型领导者。说服潜在的候选人，让他们相信你将全心全意帮助他们快速适应公司文化，让他们明白你将采取方法帮助他们像你一样实现职业发展。让他们看到你已经是——也将继续是——一位成熟、稳重和尊重他人的领导者，你会为他们和他们的职业成功而服务。不要试图掩盖自己刚获得内部晋升这一事实；直接地、自信地谈论它，并明确告诉候选人，若能加入你的团队，成为公司的一员，你会给他们带来什么，你为何因他们的加盟而感到兴奋不已。

讲述与团队成员有关的故事，将焦点从你和你的任期转移到他们身上，这样你的成功率会大幅提升。这是拥有强大的同行人脉网很重要的另一个原因。如果和你一起工作有绝佳体验，而且你过去的同事愿意加入你的团队，那么这将为你的发展奠定基础。当你进行内部晋升时，你可以自信地讲述你将如何利用你周围的人才网络打造你的团队，这可以帮助你获得这份工作。

成功受聘：赢得高管职位

负责招聘你的联合创始人或首席管理层高管做出聘用你的决定，是因为你具备管理一个部门的能力，并且能够组建团队并扩大其规模。他们正在评估你与初创公司所处阶段的契合度，就像你正在评估他们一样。

首席执行官或联合创始人对于外部招聘或内部提拔高管时分别考虑的因素有：

外部候选人：

● 未知风险。

- 招聘他们需要更多的工作和费用。
- 与内部候选人相比,他们实现价值的时间更长(他们能否在三个月内输出有意义的成果?可能不会)。
- 通常他们有更高的薪酬期望。
- 带来新的视角和体验。
- 这山望着那山高(他曾经在另一个独角兽公司工作过,所以他一定是个天才)。
- 对董事会成员来说,看起来更好。

内部候选人:

- 完全失败的风险较低(面试官已经知道他的弱点)。
- 更短的适应时间。
- 把内部候选人调走时,可能必须更换一个强有力的个人贡献者。
- 董事会可能会认为,与聘用经验丰富的专家相比,聘用内部候选人会有一定风险。
- 对业务的了解很多,但对职位的了解可能不多。
- 影响公司文化,激励其他员工。

如果你是一位外部候选人,你可以通过以下方式寻找符合条件的初创公司:

在领英上查找属于你所期望的初创公司阶段和市场的"负责人"职位。

- 联系前雇主或行业联系人,看看他们是否在招聘;有时候,你以前的同行已经获得了晋升,那么他也能够将你视为处于同一水平的人。
- 修改你的简历,把你已经拥有的技能和背景与你想要的职位对应起来(要有主动意识)。
- 想想你在上一份工作中的高绩效表现,让团队相信,你知道如何让一家新兴的初创公司像大公司一样成功，或者让它像你过去没有正式高管头衔时就职的初创公司一样成功。

● 联系与他人共同创办了一家小型企业的前任雇主，他了解你并相信你的表现会超越从前，因此会愿意提拔你。

有时候，你必须离开当前的组织才会受到关注，让别人了解到你已经准备好成为高管。即使你知道你可以胜任高管的工作，但由于没有职位空缺，你也很难晋升。当你在外部寻找下一个初创公司高管的职位时，你不应该低估在当前组织晋升的潜力。我们将在下一章中解决这个问题。

通过内部晋升为高管是有可能的，但并不是每家公司都有机会

通过了解你所在部门需要的技能，无论是在企业的市场营销还是产品方面，你都可以证明你已经为胜任该角色做好准备。

"让精疲力竭的首席执行官只需首肯你已充分胜任高管一职，他会感觉无比轻松。"初创公司高管马特·哈拉达说。

提倡通过这样的方式来实现飞跃：你可以招募导师并一步步学习你在晋升到领导层时希望获得的各种技能和经验。如果你的公司没有提拔你，但你已经尽你所能成为一位值得晋升的领导者，那么你在别的地方获得第一份高管工作的机会可能更多。

第五章　CHAPTER 5

拿到入职通知、获得高管工作

> 你找到了合适的公司，处于合适的阶段，你已经开始面试了，或者你正在目前公司里就升职进行谈判。你如何才能确保获得这个职位？

无论是接受现有公司的职位还是新公司的职位，作为一名初创公司加盟者，你生活中很关键的一个部分就是成功应对聘用阶段。全面讨论初创公司员工合同的各种细节不在本书的范围内，但我们将从实现长期成功的角度来介绍一些主要的流程点，以帮助你充分利用入职前的经验。本章旨在帮助你在首次向高管角色过渡时做好准备。

寻找你的第一份或下一份高管工作

你可以在领英、Glassdoor 或像 Pavilion 这样的行业机构中寻找机会。也有专门针对高管角色的团体。问问你的同行。关注融资新闻，你可以看到哪些阶段的公司已经进行了融资，而且通常情况下它们会准备招聘新的领导者（你总是可以进行冷接触[①]）。

参加招聘高管的面试

如果你的目标是在公司内部获得晋升，那么你晋升为高管的面试过程可能十分简单，就像与雇主进行一次讨论一样。但是，如果你向外申请加入初创公司，不同初创公司的人力资源部门可能处于不同的成熟阶段，因此你可能会经历较为复杂，有时甚至很费精力的招聘过程。

应对比较复杂的初创公司招聘过程

请记住，和你一样，初创公司也正在寻找能与他们的首席管理层保持一致的人。他们有兴趣了解他们聘用的人将如何在技能和经验方面补充当前领导团队的不足，并带来新的观点，从而丰富业务并拓展业务。他们希望确保这个人能够成长并带领一个团队，对结果负责，并成功地管理其部门。

面试过程

具体情况因人而异，初创公司往往会以不同的方式进行面试，随着公司的发展，面试也会有所改变。但一般来说，你首轮面试会见到一位招聘经理，然后通常是创始人或首席执行官，然后是其他团队。之后你

[①] 冷接触（cold outreach），是指事先在没有任何关系的情况下与潜在顾客或客户进行联系的做法。——译者注

还要为你的部门准备一份30-60-90天计划并进行汇报。这是一个相当典型的面试流程，每个阶段都涉及一些工作，这样你就可以更深入地了解公司并让公司面试官更深入地了解你。

根据你所在的部门，你可以参考网上其他的演示文稿示例，但请务必根据你对业务的了解来专门设计你的汇报文稿。

了解汇报所需的技术栈[①] 并和朋友一起练习

假设有一个远程面试，请提前熟悉你将用于演示汇报的软件（例如Zoom或Hangouts）。如果是面对面的面试，请弄清楚你将使用什么技术栈（tech stack）来向招聘公司进行演示。把面试想象成一次领导团队的会议，你在会上谈论你的愿景，自信地分享你的方法，并表明你已经对这家初创公司有了足够的了解，可以开始认真工作，并且在工作的前几周就能发挥影响力。如果你对演讲感到紧张，可以和朋友一起练习。

与首席执行官会面：了解他们的愿景

作为一名加盟者，尤其是首席管理层的加盟者，你需要相信首席执行官具备成功领导的能力。他正在驾驶一艘宇宙飞船，而你将要为这艘飞船助力。通常，首席执行官是你在第一轮和最后一轮面试的面试官之一。首席执行官会进入"推销模式"并试图吸引你加入该公司担任高管，他们还能敏锐地发现你和公司需求不匹配的地方，毕竟他们比公司中的任何其他人都更了解公司的情况，也更具有远见。

[①] 技术栈，即进行某项工作所需的一系列硬件和软件的组合。——译者注

在面试中你可以问首席执行官或创始人一些问题，这些问题将帮助你了解公司的财务状况、使命和文化：

● 你对公司未来 6 到 12 个月的业务增长有何看法，我的部门（和我）将在这一增长中发挥什么样的作用？

● 我们的总潜在市场有多大？我们将如何确保我们的增长速度足够快，从而使我们能在颠覆的市场中成功胜出？

● 与你共事的领导者如何评价与你的合作？

● 当一个人不知道某件事时，我们如何以安全的方式激励他学习，以便我们能够整合这些见解从而加快前进速度？

● 你是否管理过不那么擅长某个领域或者犯过错误的员工，他们是如何提升自我或改正错误的？或者，你曾经是那个人吗？（这个问题很重要，因为初创公司就是通过实验、学习以及快速整合见解来增加业绩。如果你进入的公司期望人人都做到完美，每时每刻都知道一切，而且永远不会搞砸，这可能是由于创始人对自己施加了过度的压力，你应该知道这一点！每当我探索这个问题的时候——要么直接询问，要么亲身体验公司如何处理这个问题——它总是对我在公司的长期幸福感产生深远的影响。这是深深植根于公司文化中的东西，一旦你知道了真相，你就必须决定能否接受它。不要指望它会改变。）

● （我的部门）对公司的目标而言有多重要？如果你认为这很重要，并且想提醒首席执行官，与他就你在入职后给公司带来的价值达成共识，那么问这个问题就特别好。另外，有时候答案会让你大吃一惊，比如，"实际上我不认为我们真的需要销售，这个产品自己就可以卖出去"，作为一名潜在的销售副总裁，你应该知道这一点。

● 对于进入高端市场或低端市场有什么看法？我们是否在向正确的客户销售产品？

- 你对近期和长期融资的愿景是什么？关于退出有什么想法？或者你是否考虑通过上市、收购来开展业务？（注意：所有这些都可能在你与首席执行官交谈五分钟后发生变化，但听听他们在你加入公司时的想法会很有帮助。）

- 公司价值观对你来说意味着什么？是否有一种特别的价值观来自你自己的生活经历或其他创始人的经历？在任何一家健康的公司，创始人都会形成一些特殊的价值观，它们是通过减轻过去不健康的经历和行为带来的影响而塑造的。这就是价值观的全部意义所在：明确对一件事情的立场。举个例子，ServiceRocket[①]公司的价值观是"直言不讳"，这意味着人们会公开谈论他们的想法，而不涉及政治或支持另外一方。直接、开放的沟通是一种价值观，创始人对良性沟通和关系做出坚定的承诺，从而形成了这种价值观。如果你的公司还没有形成价值观，你可以请创始人谈谈他们在工作中所做的一些受过去经验影响的事情。

- 工作之余你喜欢什么事情？有什么有趣的爱好吗？是否要问这个问题取决于你，但在早期阶段以人际关系为导向可能是一件非常好的事情，有时它会有助于你去了解首席执行官——你将来会花很多时间和他交流、向他汇报、跟随他的领导以及向他学习（还有获得指导）。这也是一个很好的机会来揭露任何不可见的差异（根据你的舒适程度），看看这些差异是否会被容忍，或者在理想情况下是否会被接受。例如，在加入初创公司之前的一次面试过程中，我公开了自己属于少数群体。能够这样做是一份巨大的光荣，因为我知道许多人做不到，这取决于环境和其他情况。我选择这样做，是因为我可以选择不为那些无法接受少数

---

① ServiceRocket 是一家为软件公司和企业提供技术支持（云迁移、软件授权、咨询等）和软件平台服务（客户教育、转售、应用程序生态系统等）的公司。——译者注

群体的公司工作。我知道我不必在工作中隐藏我的一部分身份，因此我晚上睡得更安稳。

当初创公司的招聘过程出现问题

早期初创公司混乱的招聘流程可能会让候选人感到不安，因此这个问题值得讨论。根据你应聘公司所处的阶段，有些公司的人员运营部门可能没有完全建立起来，因此你的应聘经历可能并不理想。举个例子，你可能与创始人进行了多次长达几小时的曲折谈判，但你感觉不到这个职位有明确的招聘框架。在这种情况下，你可以婉拒这一缺乏招聘框架的面试，这样你就不会给对方做免费咨询了。

另外，你应该得到及时的回应。如果你很久没有收到回复，你可以随时去询问。许多初创公司拒绝候选人的时候都不会专门通知他们。相反，他们只是在申请人跟踪系统（applicant tracking system，ATS）中取消候选人的资格。突然失联确实会发生，但值得庆幸的是，这种情况已经不常见了。

你在初创公司的应聘经历中遇到的任何问题不一定能够反映出初创公司的整体情况。或许出现这些问题是由于人员运营部门的资源不足。例如，如果你在面试过程中收到错误的日程邀请，请不要将其视为整个公司陷入困境的迹象（如果是一家处于创业后期的公司，你可能会有这种推断。招聘过程应该与业务一起成熟发展起来。注意：这是指招聘经历中的组织挑战或组织混乱）。如果你在面试过程中遇到偏见或任何歧视，请倾听你内心的声音。这些因素可能会植入公司文化，与日程邀请问题不一样。

在初创公司的面试过程中，我从不后悔遵从我那怪异的直觉。我曾经收到一份初创公司领导职位的邀请，在 Glassdoor 上面关于该公司的评价非常糟糕，有女性声称该公司的某个特定部门（不是我准备加入的部门）存在不公正的性别歧视行为，并特别指出该公司首席执行官的行为使这个问题变本加厉。由于我喜欢这个职位的其他方面，而且该公司在市场上享有很高的声誉，所以我决定在做决策之前收集更多的数据。我在面试过程中向首席执行官提到这些评论，希望他能对评论中的内容表示关注，最好能有一个具体的计划来正视前员工的歧视指控。

然而，他却厚颜无耻地要求我代表他回复——免费回复——这些评论，在我被录用之前。介绍一下背景，我当时面试的是一个负责增加市场份额的营销职位，而不是公关或人力资源部门的职位（即使我申请的是其中一个职位，那也不合适）。他似乎没有意识到，也许他才应该是那个审查这些评论并认真对待反馈的人。我认为他没有意识到，这些指控本身有可能会阻碍我接受这份工作。他最关心的是，一旦问题引起他的注意，我就要为他解决这个问题，他在意的不是处理问题本身！不用说，我最后没有接受这份工作邀请。

相信你的判断；如果感觉有些不对劲，而不仅仅是招聘过程混乱，找出你直觉反应背后的原因。至少，你能知道你是否基于错误的假设或不正确的模式匹配而过早地得出结论。做更多的调查，你会确切地知道这个组织是否适合你及其原因是什么。

获得入职通知

恭喜，你找到了自己喜欢的公司，而且他们已发出入职邀请，让你作为高管加入！在这个时候，你认为高管团队聪明且有能力（首席执行官也非常有能力）。现在你已经准备好接受入职通知了。请注意，形式很重要，即使远程优先（remote-first）[①]的职位也是如此；最好尽早通过电话或 Zoom 视频而非书面的形式讨论预期薪酬。在大多数情况下，法律不允许企业问你以前的工作收入，但他们会希望你给他们一个范围。在理想情况下，会有一个人力资源团队与你一起讨论这个问题，但如果没有，公司的首席执行官或联合创始人将承担这个角色。

注意：如果你给出一个薪酬范围并在面试过程的后期增加这个数字，这可能会给招聘团队带来挫败感，因此请确保你对给出的薪酬范围真正感到满意。或者，你可以要求初创公司告诉你他们对这个职位的期望薪酬范围，并研究一下你所在城市的地理位置和区域对应的职位薪酬范围。尤其是股权与现金方面，在你了解更多关于业务指标的信息之前，知道股权价值是有一定难度的，所以合适的薪酬框架应该是为了争取"目标收益"（on target earnings，OTE），并在谈判中考虑现金（基数、奖金）加上股权和福利的确切划分。与个人贡献者或中层管理者相比，初创公司高管的股权和奖金薪酬比例往往更高。你可能已经习惯了较高的薪酬基数和较少的可变薪酬，因此，在本章中，我们将介绍一些注意事项。

谈判最好是面对面、通过电话会议或视频会议进行。尽量不要以书面形式进行谈判；如果你不能实时进行谈判，就很难实时获得你需要的关键反馈，也就不能有效地了解对初创公司而言什么是最重要的（以及让他们了解对你来说什么是最重要的）。

[①] 远程优先是一种组织战略，让远程办公成为大多数或所有员工的主要选择。远程优先意味着极少数员工在固定的办公室里工作，大部分员工可以在家里或者共享办公空间里工作。——译者注

薪酬细分

初创公司的所有薪酬计划都包含各种要素，这些要素会累加成为你的"总薪酬"。像"目标收益"这样的表述是指你所在职位的薪酬各部分的总和。通常，初创公司会为你提供一些选择，例如股权比现金多或者现金比股权多。越来越多的初创公司开始公布薪资范围，某些公司甚至要求把这一点写在招聘信息中。大多数公司正在努力克服谈判过程中的偏见。如果你可以选择更高的现金或股权薪酬，你需要优先考虑。

《渴望无限：万事皆可谈判》(*Ask For More: 10 Questions To Negotiate Anything*)这本书的作者兼哥伦比亚大学法学院调解中心主任亚历山德拉·卡特（Alexandra Carter）解释说，任何谈判，即使是财务谈判或关于入职通知的谈判，都涉及我们的"爱和归属感"需求。卡特建议，虽然薪酬谈判中无疑会涉及"具体需求"，但当我们为新工作的薪酬进行谈判时，"无形"需求也在发挥作用。"根据我的经验，人们经常要求……金钱，是因为他们不能通过签订合约获得爱、欣赏或接受。"[1] 卡特说，确定我们的具体需求（我需要多少薪酬来承担债务）和不太具体的需求——例如认可、声誉和欣赏（对你的工作按照市场价位支付薪酬，你的雇主对你显示出的重视，等等）——都至关重要。

遵循卡特的建议，问问自己什么事情是真正重要的以及为什么重要，这样我们就可以验证我们是否在为正确的事情、正确的理由进行谈判，同时对他人（在这种情况下，就是你即将加入的初创公司）重视的事物持开放态度。

就入职通知进行谈判

就任何类型的交易进行谈判时，在我们能够真正倾听和理解他人的观点之前，我们必须真正了解自己的观点。[2]

我们也必须了解自己的感受。卡特说："如果你的谈判涉及人（即你自己），那么谈判就是私人化的，并且涉及情感交流。"[3] 卡特提出了以下谈判技巧，包括考虑之前的成功，倾听对方关心的问题，以及询问对方的需求。

做好调查

高管薪酬是一个不断变化的指标，其基准每年都在变化。对 Pavillion、Glassdoor 等行业论坛的研究和其他行业资源表明，你的级别、所处环境、公司所处阶段和你的经验都会影响薪酬标准。

风险与回报：关于股权的说明

股权是一个复杂的话题，你需要了解相关的专业知识。股权决不能保证收入，但作为初创公司高管，股权通常是你整体薪酬的重要组成部分。如果你的公司从未发生过任何清偿事件或破产，那么你通过谈判争取到的股权是 0.75% 或 0.5% 并不重要，但如果你的公司最后市值有 200 亿美元，那么股权多少就很重要。这是权衡早期阶段与后期阶段加入公司的风险和回报的一部分。你需要对你的股权价值有更清晰的认识。

根据《霍洛韦股权薪酬指南》（The Holloway Guide to Equity Compensation），"对股价大幅上涨的公司来说，股票购入总价可能是巨大的，因此对许多员工来说过于昂贵。从某个角度来说，这是一场成功的灾难——也就是说，员工为企业添砖加瓦，成功地让企业的市值处于高位，却因此受到惩罚（因此他们无法承担行使期权的费用）。这就破坏了许多初创公司员工所做的现金与股权之间的权衡。"[4]

如果你不熟悉将股权作为总薪酬的一部分，或者可能从未接受过大笔股权，本章可以帮助你从广义上理解这些概念，并为你提供其他资源来了解你的选择。请注意，本章中的任何内容都不应作为法律或税务建议。如果需要个人指导，请寻求专业意见。

确定收到的股权比例及其当前价值

获得几千股份可能听起来很多，但重要的是弄清楚这些股份占总股份的百分比，以及它们当前的价值。相比其他员工，初创公司高管往往会获得更多的股票期权，你可以研究一下，就你所处的职位和初创公司所处的阶段而言，行业规范是什么样的。

在理想情况下，首席执行官或首席财务官应该清楚公司需要设立多少个获得期权的职位，并相应地规划出每个级别的比例。在许多初创公司，同一级别的员工应该得到相同比例的期权，但并非所有初创公司都这样做，因为有些员工有更大的影响力或者更善于谈判。

根据马特·哈拉达的说法，如果公司经过深思熟虑已经规划好各个档次，并给每个档次都设定了一致的股权比例，那么对初创公司和员工来说，股权划分就会变得更容易。

如果在这种情况下，副总裁的期权比例只有 0.2%，这可能是因为该公司正计划打造一个庞大的团队，希望能达到 10 亿美元估值的目标，而且公司需要将股票期权这块蛋糕切得很小份以此来聘用大量的副总裁。但这将是一个大蛋糕。

正确的数字取决于许多可知的事情：公司退出（出售或上市）的概率是多少，这种情况下股权的价值是多少，未来几轮融资将稀释多少股权。获得 0.5% 或 0.25% 的股权比例都很不错，但如果你真正相信这家公司可能成为价值 10 亿美元的独角兽公司，那么 0.25% 算是一个可以改变人生的比例了，比破产公司的 0.5% 要好得多。了解股权百分比是十分重要的第一步。从这里开始，事情就变得困难了。根据公司所处的阶段和对未来股权交易的预期（稀释性融资轮次以及公司退出的可能性），后面的变化会非常大。

了解入职通知中的期权授予期限

初创公司期权的典型授予（vesting）期限一般是 4 年，有一年的最短生效期（cliff），即在全部期权到手之前你需要在公司工作的最短时间。正如斯科特·库波尔（Scott Kupor）在《沙山路的秘密》（Secrets of Sand Hill Road）一书中所说的那样，初创公司不一定会在 4 年内上市（现在通常要花更长时间上市，这完全是另一个话题）。了解你需要在公司待多长时间才能行权，以及在清偿事件中你的期权是否会加速行权。

了解股权的税务影响

"利益攸关"（按照初创公司的说法，就是股权薪酬）的所有初创公司领导者都需要评估其股权的税务影响以及如何应对这些影响。虽然本节既不包括法律建议，也不包括税务建议，但它可以为你指明正确的方向，让你做出明智的选择。

股票是一种资产类别，就像房地产或债券一样。与其他资产类别一样，股票在美国需要纳税。你何时支付税款以及如何支付最少的税款，这取决于许多因素。认证会计师或财务顾问可以帮助你评估你的个人税务情况，并根据你的需求做出最佳选择。在某些情况下，人们选择在股票早期缴税，甚至在到手之前就缴税，这就带来了一些复杂情况。

总体而言，税收影响取决于以下因素：

- 你的个人财务和纳税义务情况。

- 授予你期权的时候股票的价值是多少（"公平市场价值"，即 fair market value，FMV），公司处于融资的什么阶段（种子轮、A 轮、B 轮等），以及在清偿事件（即上市或收购）中你预测股票的价值是多少。授予期权时的股票价值与清偿事件期间的股票价值，这两者的差异称为"价差"（spread）。注意：这很难估算，但会计师可以让你了解一些情况，以及告诉你根据当前的价值提前缴税会产生哪些税务影响。

- 一旦在授予股票后行使期权，就会启动所谓的"资本收益时钟"（capital gains clock），因此在理想情况下，你行权时的价格要比股票上涨后的价格低得多。选择在清偿事件（这时候股票价值已经确定，你可以卖掉股票，获得现金）之前对到手的初创公司期权行权也有一定风险，因为你要知道一切都可能变得一文不值。希望不会出现这种情况，但是你不能指望这种情况不发生。

- 你的财务状况以及你是否有能力提前缴纳税款。

接受工作邀请后立即聘请一位会计师

一旦你接受了初创公司的工作邀请，你就应该立即与你的会计师联系。你可以在一段窗口期内做出某些税务决定。你应该计划与一位值得信赖的会计师或财务顾问进行及时沟通。你可以提一些问题：

- 如果你认为公司能够顺利发展，提前申报或缴纳税款是否对你个人有利？如果公司破产且股权变得一文不值，又或者清偿事件需要花费很长时间，会有什么负面影响？

- 当你行使期权时（同样，通常是在一年的最短生效期之后），你是否应该根据公司的财务状况和你个人的财务状况提前行权？
- 你能否承受失去所有用于税收或股权的资金，或者等待很长时间？例如，我在一家赢利的自筹资金公司行使了股权，该公司不用承受风险投资的压力，因此短期内不会出现清偿事件，而且他们还没有准备好进行上市。除非出现另一种清偿情况，否则我会对已兑现的股权感到满意。而且我可能会暂不行权：让股票在我的账户里原封不动。

想了解更多关于股权和税收的信息，请参考以下资源：
- Carta：一个初创公司常用的股权平台。
- 约书亚·利维（Joshua Levy）、乔·沃林（Joe Wallin）、德米特里·卡尔琴科（Dmitriy Kharchenko）和霍普·哈克特（Hope Hackett）合著的《霍洛韦股权薪酬指南》（The Holloway Guide to Equity Compensation）。

关于早期阶段股权的说明

早期阶段的股权与激励措施应保持一致。如果你过早想要太多现金，可能会吓到创始人——记住，他们正在大幅减薪。你所在的初创公司可能拥有没什么价值的股权，因此，请了解清楚你承担的风险，并确保它与你的总薪酬预期和需求保持一致。

聘请律师来审查你的入职通知和合同

对于你签署的任何工作合同，你都应该进行法律方面的审查，尤其当你应聘的是高管工作。一名优秀的律师可能比你想象的更实惠。通常情况下，律师会同意对你的谈判交易进行"打包收费"，因此你在工作合同上签字之前，他们不会因为在你的合同上花费了无数时间而向你收费。注意：你可能会因为害怕在你还没赚到钱之前就花钱，从而拒绝聘请律师帮你在合同上把关。这种心态会在未来伤害你。尽早投资去签订一份对自己有利的合同，在很多情况下会带来回报。

如果你聘请律师来审查你的合同，公司不会（或不应该）将其视为你对工作缺乏热情。在那个时候，你应该对即将入职公司感到很激动，他们也应该对你即将入职感到很激动。你敢肯定你的初创公司已经聘请了一名律师来审查他们所有的文件。你聘请顾问来帮助你进行谈判，明确在这份工作中你看重的是什么，商定好对你（和初创公司）都可行的条款，这是成熟和自我支持的表现。

通过当地商会、在网络上搜索当地专门帮助初创公司员工的律师，向他们咨询。注意：如果你不聘请律师来审查你的合同，至少你自己要非常非常仔细地把合同过一遍。律师可以保护你自己的知识产权，包括在离职方案中添加的措辞，解释清楚竞业禁止条款，甚至可以帮助你添加对你很重要的附加条款。

有时你甚至可以要求初创公司支付律师费用或分摊费用。你值得他们这么做，一旦你拿到了入职通知，他们会尽一切努力来留住你，因为这样做对他们有利。

就你的头衔进行谈判

"负责人"是一个模糊的统称。在创业早期阶段，初创公司不确定如何给某个人定职，或者要为招聘更高级别的人保留职位空缺，他们会经常使用这个头衔，也是为了避免人员的膨胀。"负责人"可以是总监和副总裁，有时甚至可以是首席管理层的领导者。这个头衔最重要的是它代表着一种监督整个部门并进入真正的高管职位的可能性。

如果这是你第一次担任初创公司的领导职务，或者根据你们公司的所在阶段和成熟程度，你很可能会被授予"负责人"的头衔。如果是这种情况，请明确"负责人"在你当前的公司意味着什么级别。如果你被聘为"负责人"，这是否意味着你是总监级别或首席管理层级别？举个例子，在 Asana 公司，"负责人"适用于首席管理层人员，但大多数初创公司随着规模扩大，会明确首席管理层、副总裁、总监等不同级别。除非初创公司建立了相应的级别，否则"负责人"只是一个虚职。

如果公司的首席执行官愿意让你担任副总裁或首席管理层的高管，那就加入这家公司吧！如果他们坚持给你一个"负责人"的头衔，你可以要求在合同中写明在某个特定日期（例如，六个月后或在关键融资轮）重新商讨这个头衔。根据其经验水平，领导者可以以这种形式"升级"：入职的时候获得"负责人"头衔，然后证明自己的业绩，最后再去争取正式晋升。

现金与股权：值得深思的问题

早期的初创公司通常需要节省现金，因此为员工提供长期激励措施（例如更多股权，或与员工商议在融资轮等业务关键时期再发放更多现金）对员工来说是有利的。卡特主张问自己和面试官"在这里，你认为公平是什么样的"，并尽可能多地共享知识和数据，以便我们可以创造性地达成协议。在初创公司的薪酬谈判中，你可以向初创公司询问各种信息，诸如"我们计划何时进行新一轮融资""我们现在的现金状况如何"以及"我们的股权结构表（对公司所有权的比例和股权细分的分析）是什么样的"。

通过行业调查并与其他机构的同行进行交流，你应该对应聘职位的市场薪酬有所了解，准备好相关的客观数据再来参加谈判。尽管初创公司的人力资源团队可能会提前进行这方面的研究，但你还是要自己进行尽职调查。有时，初创公司会为员工划分不同的档次，并为员工提供多种选择——有的人多拿现金，有的人多拿股权。初创公司在薪酬档次方面的透明度逐渐提高。

有一次在薪酬谈判中，我对股权结构表做了假设，没有要求更多的股权，因为与行业基准相比，我已经持有了很多股权。我认为不可能要求更多的股权了。

如果股权对我很重要，我不应该自己进行假设，而应该要求核实公司的股权状况。那位创始人考虑得很周到，他说："如果你想要通过增加股权来增加部分薪酬，你愿意更深入地了解我们的股权结构表和公司的财务状况吗？"这引发了一场精彩且内容丰富的讨论，我们不仅讨论了股权结构表，创始人还激励我长期参与业务，给我提供了公司所有权的更多选择，他对这次讨论感到十分激动。

在我们的讨论中创始人提到了他的愿景：未来18个月我们的业务将如何发展以及如何进行融资。他能告诉我这一切真是太好了，这充分说明了他的领导能力。以后如果有任何疑问，我会提前询问。最糟糕的情况是创始人说他不能分享这些信息。在谈判中，只要你是以尊重的方式询问你想要的信息，那就不要紧。初创公司创始人愿意为其领导团队提供令人激动的入职邀请，以激励他们与企业的发展保持一致。让创始人帮助你，使你成为这个职位的最佳候选人！如果你有疑问，请咨询薪酬专家。

来自少数群体的初创公司高管的股权和股权结构表

2022年，股权结构表中少数群体所占的比例仍然很低。无论你所在的初创公司处于什么阶段，我们都有责任倡导公平。女性仅拥有初创公司 9% 的股份。[5]

有时在业务中，你会获得更多现金，例如在某个业务增长关键时期或某个融资阶段。

"我告诉每个人最重要的事情之一是：这都是你应得的，你没有超出你的要求范围。如果要求得到你应得的东西令你感到不适，为什么？你应该尝试转变你的思维方式，因为你的同行们正在这么做。"雷切尔·拜塞尔说。

一句建议：如果在谈判中未能达成协议

这部分看起来没有必要，但是想起和一些其他领导者的对话以及不那么愉快的回忆，我会反思我过去的经历。有时候，但并不经常，你在应聘一份工作，而且在差一点就要达成协议的时候，你失败了。有时候，协议并没有按照你希望的方式进行，到了谈判后期或者发放入职通知书的阶段你才知道。你在求职过程中投入了大量的精力，最后发生这种情况你会很难受。但是与其签署一份让你和公司在短期或长期都不满意的协议，不如坚持自己的需求。

签订协议之后

庆祝吧！这是你应得的。去远足，去拥抱你的狗狗，带你的孩子去看一场棒球比赛，读一本有趣的书并早早入睡，在巴塞罗那的屋顶上喝一杯卡瓦酒。无论你做什么，一定要沐浴在你成就的光辉之中。

第二部分

开始工作：顺利度过最初的 90 天

第六章　CHAPTER 6

确定你的目标，与首席执行官和董事会就成功达成一致

> 恭喜，你得到了这份工作——现在有趣的部分开始了。是时候制订成功计划，并在你工作最初的 90 天内顺利完成计划。

现在你已经进入高管角色，准备好开始工作了。无论你是经验丰富的初创公司高管还是首次担任高管，每次新一轮的"新官上任"都需要我们为手头的任务做好准备，即制订工作最初的 90 天计划并成功完成它。许多初创公司要求高管候选人在面试过程中展示他们最初的 90 天计划。如果你已经做过这项计划，那将是一个很好的开始。即便如此，一旦你进入公司，发现公司内部一些你不知道的有趣的事情，那么你可能需要彻底修改你的计划！我听说一位初创公司的创始人将这个过程称为"了解内幕"。

在我们讨论如何制订最初的 90 天计划、设定目标以及与公司首席执行官、董事会、执行团队和你的下属合作从而获得成功之前，让我们先讨论一下最初的 90 天你的工作目标是什么。对某些人来说，这可能显而易见。如果你的公司采用的是季度制，那么对你来说，在第一个季

度你就要面临绩效考核。但是，厘清逻辑，让高管从一开始就进入状态（以及让自己进入状态），还是很有帮助的。

工作最初的 90 天：适应新角色并向公司证明你的价值

很少有初创公司的高管会重视工作最初 90 天的成功。其实这段时间对大多数高管来说是成败攸关的时刻。为了获得一席之地，许多高管需要展示他们最初的 90 天计划。初创公司希望看到高管可以快速上手，了解业务目标，并调整计划以推动整个公司的成功。

你入职公司的最初一段时间将为你能否在岗位上取得成功定下基调。如果你在这段时间内没有成功，你会被解聘。

当回顾上一份高管工作时，我查看了自己制订的工作最初的 90 天计划以及在工作 90 天后所做的季度业务审查汇报，我发现，过去几年我在公司做的很多事情，都源于那段不成熟的早期阶段播下的种子。我发现并解决了很多问题，而且在那段时间，早期的出色表现让我在这个岗位上的地位得到了巩固，也让我和公司在早期阶段之后都充满信心。

不要害怕迅速做出成绩

在工作最初的 90 天里，要避免的一个陷阱是你认为你需要"好好表现"或者坐下来花很长时间去"学习和钻研"。尤其是当你之前就职于一家大公司，如今第一次担任初创公司高管，你不想让周围的人失望，你就不免掉入前面所说的陷阱里。虽然你所在的初创公司会有很多问题，而且在了解公司之前你不想过于激进，但一旦你熟悉了公司背景，你的工作就是提出改进方案并在已有的基础上再接再厉。如果你不能在最初的 90 天内做出成绩，人们会怀疑你是否能做出成绩（无论这是否属实）。

  请记住，首席执行官和董事会之所以聘用或提拔你，是因为他们相信你具备洞察力，相信你能利用你的技能和经验客观评估你所在部门和业务中的顺利进展与不足之处，以及你能从所犯的错误或发现的问题中吸取教训。你接受这份工作是为了改变现状，让事情变得更好，所以不要害怕承担一些风险并从中学习，同时也要采取能获得董事会认可的行动。

  曾经我和一位销售高管一起共事，大家都很喜欢他，也很享受和他一起开会。但两个月过去了，很明显对于我们在他入职之前所做的任何工作他无法做出任何贡献或持有强硬立场。他在"学习"模式中停留的时间太长，没有采取足够有意义的行动来推动业务的发展。高管层不需要一名善良的观察员。初创公司承受不起那些需要长时间等待和学习的高管；他们需要的是能够进行实验并快速学习的领导者，让初创公司能够不断发展并在未来进行更好的测试。这位销售高管在任何领域都没能为企业带来可衡量的变化，最终他失去了这份工作（顺便说一句，他最后在差一点就到 90 天节点离职了）。

  正如全球首席营销官社区 CMO Coffee Talk 的联合创始人马特·海因茨（Matt Heinz）谈论初创公司高管时所说："没有人会聘用你来驾驭一艘一帆风顺的船。"

  "根据我的经验，董事会并不指望我们对所有问题都有答案，而是希望我们能够克服差距并积极寻求解决方案。"海因茨说，"还需要有好奇心和紧迫感。"

  你工作的最初 90 天为你在公司的工作定下了基调。准备好了吗？

以下是你成功度过最初的 90 天要做的事情：

- 与公司的主要利益相关者建立联系，包括领导团队中的同事、首席执行官和跨部门的团队，以及任何你接手的下属。
- 审核并了解业务以及你所在部门、领域的现状：业务中正在运转的项目是什么，哪些事情进展顺利？
- 了解有问题或不奏效的地方：即那些你正积极处理或者即将接手的业务中较棘手的领域。
- 评估下一季度、半年和一年（及以后）的业务目标，以及你的组织将如何影响这些目标。
- 评估团队结构和招聘计划。谁将加入你的组织，如何把这些人的数量与实现你的业务目标联系起来。
- 与首席执行官、同事以及团队进行定期的一对一会议。在我刚开始担任领导职务的时候，我和首席执行官每周初见一次面，周末见一次面（总结），然后每隔一周在周中见一次面，进行业务之外（基于人际关系）的一对一交流。这对于我们的协调和成功沟通至关重要。

在入职最初的 90 天内集中完成几项费力少、影响大的工作，尽早获得董事会的认可

当 Gainsight 公司的首席执行官尼克·梅塔聘请了一位新的企业发展战略负责人时，这位负责人设定了一个目标：在最初的 90 天内会见 50 位客户。

"立即设定一个雄心勃勃的目标会发出一个信号，表明你是认真的，你会把任务完成。"梅塔说。

梅塔建议将最初的 90 天的"成功"分为 4 类：

- 影响小，费力少（大部分推迟做，小部分选择性做）。
- 影响小，费力多（避免做）。
- 影响大，费力少（尽可能多地做这些事情）。
- 影响大，费力多（大部分推迟做，小部分选择性做）。

尼克·梅塔说，在与利益相关者和员工会面后，你将了解公司面临的各种挑战。在最初的30天里，你可以先取得一些简单的胜利，赢得同事的支持。

"做一些非常具体且容易解决的事情，这会让他们觉得你是个行动派。"梅塔说。

在最初的90天内做一些人们关注、感兴趣并迅速产生影响的重要事情。有一些问题对别人来说是问题，但对你来说很容易解决，而且会对他们的工作生活产生重大影响，永远不要低估解决这些问题带来的影响。如果你等到90天结束时才解决一个大问题，你就错过了一个给人留下深刻印象并迅速解决某些问题的机会。

与首席执行官一起定义成功

导师空间（Mentor Spaces）[①]的创始人兼首席执行官克里斯·莫特利（Chris Motley）与他手下的高管合作，帮助他们了解成功对他们而言具体是什么。

"作为创始人，我们可以闭着眼睛，背着手，谈论什么是成功的企业。"莫特利说，"但归根结底，企业的发展战略掌握在高管的手中，重要的是要阐明，就他们个人和他们特定的职位而言，成功是什么

---

① 一个社区驱动的指导平台，旨在扩大公司规模促进员工职业发展的虚拟导师平台。

样的。"

莫特利建议高管了解和沟通如何在特定的业务发展阶段创造价值，要知道他们在任何时候都可能比创始人更清楚如何在自己的岗位上取得成功。

"如果创始人清楚如何承担某些高管的具体工作，他们可能一开始就不会聘用这些高管。"莫特利说。

莫特利告诉他的高管团队要像创始人的顾问一样思考，与创始人分享他们主管部门的发展计划，让他清楚这些计划将如何有利于实现他所期待的公司愿景。

"我指导我的高管团队来了解我的角色——不要把钱花光、聘用优秀的人才以及不断强化愿景；我还帮助他们了解他们的角色——让我们的客户和用户获得成功，就如何实现这一目标制订一个 30-60-90 天的滚动计划并分享给其他人，在问责制指标上保持一致，让每个人都知道我们是否处于正轨。"莫特利说。

"我们在看同一场比赛吗？"

在球场上，著名的美式橄榄球教练比尔·帕塞尔斯（Bill Parcells）会任由球队四分卫菲尔·西姆斯（Phil Simms）做出与自己不同的决定。当西姆斯下场时，帕塞尔斯会问他："我们在看同一场比赛吗？"这句话的意思是："这是我看到的情况，我认为你应该这样做；你看到了什么情况，导致你做出现在的选择？"

组织心理学家兼高管教练丹尼斯·阿德西特（Dennis Adsit）指出，初创公司高管会发现自己经常与首席执行官发生冲突。这是因为许多初创公司高管与首席执行官对特定情况下发生的事情持有不同的看法。如果是这种情况,阿德西特建议他们努力确保双方都"在看同一场比赛",并与当前的现实和最佳行动方案保持一致。

要做到这一点,最好的方法是将陈述与问题交替进行。初创公司高管可以对首席执行官说:"这是我对当前现实的看法,包括内部优势和劣势,以及外部机会和威胁(也被称为 SWOT[①])。你持有同样的看法吗?"

如果两人看法一致,请继续描述你推荐的行动方案,从而推动进程或缩小关键差距,然后分享你做出这一选择的逻辑。阿德西特建议在这之后提出一个问题:"我想知道你跟我的看法是否有分歧,如果有分歧,你认为我们是否应该采用其他方案?"

当你和任何关键利益相关者就发展方向发生冲突的时候,这是一种强有力的方法,可以让你们达成一致。

首席执行官给初创公司高管的建议:记住,首席执行官不好当

在新冠疫情期间,许多公司的首席执行官都一直承受着巨大的压力,他们不仅要应对多方面的全球危机还要完成公司业绩。欲戴皇冠,必承其重。当首席执行官犯了错误或者做了你不会做的事情时,请记住,我们都是普通人,首席执行官也承受着巨大的压力。毕竟,难道你不希望他们对你也有同理心吗?

"任何愿意担任初创公司首席执行官的人都有点疯狂。"马特·哈拉

[①] SWOT 是一种常见的企业战略分析方法,其中 S(strengths)表示优势,W(weaknesses)表示劣势,O(opportunities)表示机会,T(threats)表示威胁。——译者注

达说，"如果他们在创业的时候没疯，那么工作很可能会让他们变得疯狂。有很多道路比创业之路容易得多。我不认为这可以成为首席执行官偶尔难以共事的借口，但初创公司的高管团队需要提前对此有所了解，而且要学会区分与坏人共事和与好人共事（好人总有那么几天不顺心的时候）。"

初创公司高管如何平衡短期成就和长期优先事项

高管应该了解需要立即处理哪些任务，以及需要建立哪些流程来支持长期发展。领导者应在入职最初的 90 天内研究以下问题：

- 你的团队应该开始做什么、停止做什么和继续做什么？
- 是否有员工表现不佳？如果有，请尽快辞退他们。
- 公司中谁是你的盟友？谁对你的团队"抱有敌意"？

"在我担任高管的最初六个月里，我花了很多时间与所有其他高管交流，每半个月我就会和他们进行一对一的交流。"马特·海因茨说，"这么做还挺有收获。他们现在很喜欢我、信任我。尤其是我入职时正值新型冠状病毒肆虐，公司又处于偏远地区，而其他人在我来之前就已经在办公室里共事，建立了真实的联系。但现在，我也可以利用我建立起来的人际关系了。"

设定目标和关键成果（OKR）

初创公司的高管应该与公司的首席执行官（或直接上级）合作制定 OKR，阐明高管所在部门的业务目标是什么，并与更高一级的业务目标相关联。

虽然在你的初创公司，OKR 可能会有别的叫法，但 OKR 背后的理念和每年、半年及每季度的目标设定是为了给公司指明发展方向，从而推动业务增长，保持目标的一致性，让个人、团队和整个公司层面的职责分明。对你的部门和你团队中的个人而言，OKR 提供了一个衡量成功的框架。初创公司的 OKR 通常有一定难度，这意味着 OKR 是为了让每个人的目标与初创公司业务的显著增长（小额收益并不是关键）保持一致。

OKR 是初创公司的团队和员工在每个季度设定的目标和相应的关键结果，以确保目标与业务增长保持一致，并在公司、团队和个人层面保持职责分明。在给个人和团队制定 OKR 时，你要给他们设定权重，让他们知道你给这个领域分配的时间和精力。举个例子，如果你是销售主管，你的主要目标将直接与营销收入挂钩。

这个目标对于销售团队是如此，对于团队中的个人也是如此。对于每个团队和团队中的个人，你既要制定主要的 OKR，也要制定其他 OKR 以帮助你所在的领域获得整体成功。对于你的部门和团队，你将设定与整体业务目标相关的关键目标，并将大部分精力集中投入这些领域。

根据 Lattice[①] 公司首席执行官杰克·奥尔特曼（Jack Altman）的说法，公司目标应该帮助员工确定工作中的优先级和重点、跟踪工作进度、积极发挥主动性、设定职业发展的阶段性节点、连接整个业务的计划方案，并给员工指明方向，同时支持他们发挥自主权。[1]

---

① Lattice 是一个汇集了各种工具、工作流程和企业数据的人员成功平台，旨在帮助企业领导者培养敬业且高绩效员工以及打造成功的企业文化。Lattice 主要为企业的人力资源团队提供一整套绩效管理、目标设定、员工参与、薪酬管理、职业发展和人员分析等方面的解决方案。——译者注

不同的初创公司衡量成功的方式不同。使用公司创始人和高管团队共同决定的目标跟踪系统，并利用它来建立部门和个人业务目标。

举个例子，假设公司的业务目标是到年底达到 1000 万美元的年度经常性收入。向下分解这个目标，销售部门将制定与该业务目标相对应的 OKR；他们需要通过招聘销售代表，建立新的或关闭旧的销售渠道来完成这一数字。营销部门则需要生成一定比例的渠道（取决于商业模式），以便销售人员能够完成他们的目标。产品团队可能需要完成产品里程碑，开发新功能，让公司能够以更高的年度合同价值（annual contract value，ACV）来进行产品销售，从而实现目标。

每个部门，包括你所在的部门，都会制定与季度、半年度或年度总体业务目标相关的目标，而你的团队中的每个人都将制定与部门目标相关的目标。这个系统的出色之处在于，每一篇博客文章、每一次产品路线图的更新和每一场销售会议，都可以很容易地追溯到业务背后的"原因"。这个系统能够指明方向，激励你的团队与企业朝着同一个方向前进。

设定 OKR——以营销部门的 OKR 为例

表 6-1 是第二季度的营销 OKR 范例。

表 6-1　第二季度的营销 OKR 范例

业务范围	权重	目标与关键成果（OKR）	关键绩效指标（KPI）
企业	75%	机会的产生——营销合格机会（marketing qualified opportunities，MQOs）	为企业交易创造 120 个新的营销合格机会 * 第二季度营销渠道的预计销售额为 700 万美元

续表

业务范围	权重	目标与关键成果（OKR）	关键绩效指标（KPI）
营销漏斗中间和底部的所有权	15%	增加销售人员接受的销售线索（sales accepted leads, SAL）	到第二季度末把 SAL 提高 20%（300 个）（在目标客户内）
团队	10%	团队招募和入职（全职员工和供应商）	到第二季度末团队成员已入职并开始工作

在设定好 OKR 之后，你可以使用红色、黄色和绿色的颜色编码来跟踪项目，让团队了解他们部门的业绩和对照 OKR 所取得的进展。

在入职之后，你应该与公司首席执行官或直属经理一起为初创公司制定 OKR，然后再给你自己的团队制定 OKR 并获得批准。一旦两个 OKR 都获得批准，你将和你的团队成员（或最终的团队成员——如果你入职的时候你的团队就你一个人）一起为完成 OKR 而努力。通常在团队成员入职 30 天内，他们就会与你讨论如何设定 OKR 并由你签字批准。

OKR 和奖金补偿

大多数高管的薪酬方案都包含激励部分。与 OKR 挂钩的奖金补偿通常是根据业绩来兑现的，旨在激励与业务增长直接相关的个人业绩。通常，你会在入职的时候收到奖金补偿，然后根据你所在初创公司的运作方式，每季度、每半年或每年需要对这部分重新进行评估。如果你的薪酬方案包括奖金补偿，请与公司首席执行官或经理确认公司在这方面的具体规定，并了解你的团队如何获得他们的激励补偿。

第一次季度业务审查

在工作最初的 90 天结束时，一旦你设定了 OKR，开始制订计划并按照目标去执行，通常的做法是准备一份季度业务审查报告提交给董事会或初创公司的领导团队。当我第一次担任高管并要提交季度业务审查报告的时候，我希望有人能给我提供以下信息。我希望这能帮助你了解如何总结最初 90 天的工作成果，如何展现你的业绩，并找准自己的位置从而在未来获得成功。

第一份季度业务审查报告指南

- **概述**——提供一份议题并介绍你打算在报告中讨论的内容。
- **成果**——在最初的 90 天里，你的工作有哪些亮点？取得了哪些成绩？请务必包含指标、与 OKR 挂钩的业绩（如果相关的话）以及任何你可以分享的数据来证明你所说的成果。
- **挑战和解决方案**——如果你的计划需要改进或者投入资源，请分享你对这方面的看法，并提出解决方案。
- **收获**——在最初的 90 天里你有什么收获？你对业务的哪些假设最后是被证实还是被推翻了？你能与企业股东分享哪些只有你才能提供的"新见解"？
- **机遇**——你如何运用所学知识对下一季度及以后的工作产生影响？
- **反馈**——邀请董事会和领导团队就下一季度及以后的调整和优先事项提供反馈。
- **附录**——在此处添加额外的幻灯片，例如与你的策略或计划、指标仪表板、知识库页面、OKR 详情页、组织结构等相关的链接。

在进行90天季度业务审查汇报之前，最好提供一份书面总结让参会人员提前阅读，同时也给你的汇报对象提供一份文档（幻灯片）。书面总结应该包括以下内容，但还需要更详细一些。

在季度业务审查报告随附的书面总结中，不仅要包括你所取得的高质量成果（我在"成就"这张幻灯片中所述的内容），还要包括最初30天、最初60天和最初90天内你在项目的每个领域中取得的成果。这些细节能为你制作的高水平报告提供上下文背景，这样即使是在你做汇报之前（和之后），每个人都能获得详细的依据。如果你和我一样喜欢长篇大论，那么这会特别有用。把书面总结和幻灯片一起提前发给参会人员，你就能很好地展现出你的初步影响力，并向相关人员传达这样一种信息——你在最初的90天过后也能够取得成功。

在下一章中，我们将重点介绍如何建立核心关系，以便你能在入职最初的90天内取得成功。

第七章　CHAPTER 7

建立核心关系：首席执行官、董事会和团队

> 你已经定义了成功，现在你必须真正了解如何管理这些核心关系：你与企业、团队、高管同事、首席执行官以及董事会之间的关系。

想要在初创公司高管的岗位上获得成功，建立核心关系至关重要。核心关系会随着时间的推移而发展，并且像所有关系一样，它们需要你付出努力和关注。许多第一次担任领导职务的人认为他们的首要任务是工作，而我自己也犯了同样的错误——在建立核心关系上投入不足。

当你花精力去了解你的同事、首席执行官、董事会和团队的工作风格和动机时，做这些事情的好处就会集中显现出来。当业务出现问题时（毫无疑问必然会发生），如果你可以向周围人征询意见并获得信任，那么这对你的工作会非常有帮助。"建立核心关系"听起来很简单，但其实不然。特别是如果你是一个来自少数群体的成员，与那些和你不是同一类的人（可能他们本身作为一个团队就是同一类人）建立关系会让你望而却步。

许多来自少数群体的领导者"在工作中做自己"时面临着真正的风险。金·斯科特在她所著的《公正的工作》一书中分享道，在她的《彻底坦率》一书出版之后，她收到很多来自有色人种女性的反馈，这些女性说由于种族刻板印象和偏见，相比异性恋的白人男性同事，她们在工作中直言不讳会承受更大的风险。斯科特因此写了《公正的工作》一书来讨论差异问题。[1] 即使你觉得不能自由地"做真实的自己"，你也可以建立核心关系，然而，建立核心关系给来自少数群体的高管带来了更多压力。

让我们讨论一下你需要建立的核心关系，以及建立这些关系的一些实用技巧。

与首席执行官或联合创始人建立关系

每个初创公司的加盟者都需要与首席执行官或联合创始人建立牢固的关系。设置一系列定期的、可预测的会议，花时间与首席执行官或联合创始人进行交流，这是建立关系的一个好方法。对此的典型说法是一对一会议，这种会议可以在不同的时间段内进行。至少在第一个季度的时候，每周可以安排两次一对一会议，一次在周初，一次在周末；然后每月安排一次一对一会议，只讨论和你相关的话题以及你的成长。与首席执行官讨论你提前创建的议程，并计划至少要花与会议一样长的时间来准备会议和创建议程。

与首席执行官进行一对一会议的议程示例

会议名称
- 高管、财务、首席执行官审查议程

上次会议跟进

- 谈论上次会议遗留下来的、你已经采取行动并需要跟进的问题。

指标和 OKR 审查（10~15 分钟）

- 根据 OKR 和目标讨论绩效；这应该是会议的主要部分。

战略（15~20 分钟）

- 任何属于战略性的、较少涉及战术性的以及更高层次的项目（我想把我的营销计划资金用在这里，从而建立实现收入目标所需的渠道，让我们讨论一下。或者，第四季度我考虑这样更改组织结构图，以及为何我认为它会加速我们的业务增长，等等）。

其他变动

风险

- 谈论可能对你的计划或业务造成风险的事情，比如没有达到招聘目标，或者团队中的新员工是否能够快速完成你预测的目标，或者你是否遇到了什么不顺利的事情。开诚布公地与首席执行官谈论风险问题以及解决这些问题的计划。这是与首席执行官建立信任的最佳方法，而不这样做则很容易破坏信任。不要想着去掩盖风险，纸包不住火，优秀的领导者都知道这一点。

流程

- 任何新的流程变更；执行的新系统、与项目管理委员会最新进展相关的链接，或首席执行官应当了解的任何工具和系统更新。

人员

- 聘用、解聘、管理、承包商……你的团队怎么样？有什么是值得注意的？

反馈（5~10 分钟）

- 在每次一对一会议中都要向首席执行官征求反馈。这是最基本的，不要跳过这个环节。你还可以从"他们的清单"中获得反馈，清单上有一些事情他们一直考虑向你提及，但可能整个一周都没有提及。这种做法很好，因为这样，首席执行官就有专门的时间段来询问一些事情，而你也不会在凌晨两点收到一条来自首席执行官"有空聊聊吗"的信息（注意：你完全可以设定一个底线，凌晨两点不与首席执行官或任何人交谈，你要明白这一点）。

注意事项和行动项目

● 列出注意事项和行动项目能够确保讨论的任何问题都得到有效执行。如果你讨论到第二季度会推出一个新的活动计划，请将其列为行动项目并加入后续要跟进的计划中，你将在下一次的会议中讨论。

还有其他方式来安排一对一会议，而首席执行官可能也有其他偏好。关键是你们两人要定期见面，通过定期会议来汇报你的团队的高水平绩效，尽早分享任何风险或问题，更新团队项目，以及关键是获得和给予反馈。这是作为初创公司高管最有价值的方面之一，所以不要排斥一对一会议！如果可以的话，在每月一次的一对一会议上，准备好对你来说需要讨论的重要问题（有很多好的问题在等着你）和领域，例如职业发展、商业愿景等。

与首席执行官建立信任：保持价值观一致

根据 Broadly 公司的首席执行官明迪·劳克的说法，基于价值观的信任对于首席执行官和高管之间的工作关系至关重要。

"一切都取决于信任。"劳克说，"你不可能在工作的第一周就得到信任，信任必须随着时间的推移而建立。信任始于价值观一致。价值观一致、开诚布公的沟通、彼此之间的脆弱性是在首席执行官与高管之间或高管与高管之间逐渐建立信任的三个要素。"

与首席执行官和领导团队建立沟通预期

在"永远在线"的世界中，把你喜欢的工作方式、时间和需求记录到公司知识库（company wiki）或共享文档中会很有帮助。你还可以在 Slack 或 Teams 这类工具中设置诸如"异步"（asyne）聊天频道之类的功能，这样首席执行官和领导团队就可以向你发送不需要得到快速回复的信息（反之亦然）。一定要询问你的同事，什么样的工作方式对他们而言最有效（你在组建团队时也可以这样做）。初创公司高管需要了解首席执行官喜欢什么，而不是仅仅依赖自己习惯的东西。

了解跨部门同事并建立融洽的关系

在入职后，你应该花大量时间了解跨部门的同事。安排会议并找出他们关心的问题。尽早投入时间和精力，与初创公司管理层的同事建立信任，包括了解他们的议程以及如何帮助他们取得成功。

了解你的核心利益相关者如何工作

找出你的核心利益相关者在工作中各种行为背后的原因。他们喜欢什么制度？他们喜欢在什么时段工作？他们是喜欢在最后期限前赶工，还是倾向于提前完成工作？他们喜欢书面表达、幻灯片还是电子表格？他们喜欢提前浏览议程然后在电话会议中与你一起审查各种事项，还是更喜欢你把所有的东西发给他们然后他们可以在异步上审查？每个人的工作方式都不同，了解你的同事、首席执行官和董事会更喜欢哪种风格，这样你能更好地适应工作并取得成功。同时他们也可以了解你的工作方式。

不要害怕提出异议，表示尊重即可

当你开始与跨部门的同事一起工作时，你不必对什么问题都回答"是的"。事实上，这样回答没有任何帮助。我曾与一位销售负责人共事，他同意我作为营销负责人所做和所说的一切，他经常只用"很好"或"看起来不错"来评论事情。虽然一开始我自我感觉很好（真的吗？我所做的一切都能得到销售部的认可吗），但我很快意识到，我们的营销部门确实需要一个跨部门的合作伙伴，他虽与营销部门针锋相对但又表现出尊重，并提供重要反馈。

如果针对某个问题你持有相反的数据或另一种看法，请找一个合适的时间来表达你的观点。建设性的反馈是初创公司的生命线，如果你以尊重的方式建立关系，你将能够给予和接收反馈，帮助你周围的每个人为公司做出最佳决策。

为什么公司要引进来自大公司的高管？如果你来自初创公司，如何与他们合作

"新来的高管接连走马上任"这种情况经常发生在融资轮前后。初创公司引进经验丰富的高管，理论上这些高管可以超越那些帮助初创公司发展到目前阶段的中层管理者，然后利用自身的经验来扩展每个业务领域。通常引进高管是董事会的要求，他们想要确保初创公司引进的领

导者值得信任、能够做出业绩（因为这些高管过去的经历证明他们确实如此）。有时候，甚至连首席执行官也是新引进的。

如果你是一名通过层层晋升上来的初创公司高管，当你与来自大公司的高管合作时，我有一些建议可以帮你处理好与他们的关系：

- **向来自大公司的高管学习，不要低估他们的经验**。他们可能知道如何与你的客户一起处理复杂的采购流程。他们可能知道如何打造一个40人的团队而你只管理过几个人。他们可能对如何投资401k养老金计划[①]有绝佳的建议。请认真对待他们的经验。

- **向来自大公司的高管传授新的技巧，如果他们愿意接受的话**。许多来自大公司的高管进入初创公司后都发现，他们可能与战术性的执行工作脱节了。如果你有这方面的经验，并且他们也愿意接受你的指导，那么你就可以为他们提供巨大的价值。

- **如果来自大公司的高管表现得有点拘谨，请耐心等待**。许多大公司鼓励持不同意见，并提倡办公室政治，要知道这不是针对你个人的。如果你觉得一位来自大公司的高管用高人一等的口气和你说话，你的感觉可能是对的，但他们可能是无意的。尽量想办法了解他们的为人，了解什么东西对他们很重要，并对他们保持耐心。他们正在学习如何在初创公司的环境中工作。

---

① 401k是指美国的一种由雇员、雇主共同缴费建立起来的基金式养老保险计划，其具体定义源自《美国国内税收法》第401（k）条，故因此得名。按该计划，雇主为雇员设立专门的401k账户，雇员每月从其工资中拿出一定比例的资金存入养老金账户，而雇主一般也按一定的比例（不能超过雇员存入的数额）往这一账户存入相应资金。与此同时，雇主向雇员提供三到四种不同的证券组合投资计划，雇员可任选一种进行投资。——译者注

与董事会建立牢固的关系

根据初创公司所处的发展阶段，你可能会在入职公司之前与董事会见面，这种会面是审查过程的一部分，目的是评估你是否适合担任该职务。另外一种情况是，你可能已经入职了一年或更长时间，但你从未与董事会有过交流，而是直接与创始人联系。通常，董事会有一些方案是为了给他们的投资组合"增值"。他们可能有内容营销方案，或者可提供你能充分利用的演示文稿。投资者经常为了扶持进入市场的初创团队而开展多轮融资，他们通过筛选出投资组合公司中最优秀和最有前景的公司，向该组合中的其他公司输出某一关键领域的专业经验。如果可以的话，尽量参加这类活动。

依照董事会的期望进行管理

在与董事会合作时，你将专注于通过优化工作来促进业务增长，了解市场趋势，并与董事会合作尽可能将公司打造成一流企业。董事会可以在许多业务中进行模式匹配，并以不同于我们多数人的战术运营方式来看待市场。他们可能需要你的帮助，以了解你所做的战术和战略工作如何影响业务增长。学习站在董事会的"高度"思考问题，将有助于你在初创公司领导生涯中的成长。

了解高管团队的兴趣、爱好和家庭成员

现在我们当中的许多人都在远程工作，因此很难真正了解同事。我们没办法看到肢体语言、办公桌上的照片以及同事们在现实世界中的行

为表现。采取额外的措施进行小范围的交谈，了解你的团队，包括他们的兴趣、爱好和家庭成员。

我在手机里保留了一份笔记文档，上面列出了我同事的孩子和宠物的姓名和年龄，以及他们伴侣的姓名（注意：我通过询问他们才获得这些信息，而不是进行侵入式的调查。我不相信自己能记住这些细节，所以如果我想保留它们，我必须把它们写下来。人们大多数时候都是真心实意地想要与他人分享，当然，如果他们不愿意这样做，请尊重他们的界限）。我会记下同事的生日和他们的爱好。如果有同事喜欢冲浪，我会问他们关于冲浪的事情，并做一些调查来深入了解。这听起来像是做了很多"非工作"的工作，但是如果有人了解你的具体情况，你那时候的心情有多开心你还记得吗？建立融洽的关系，分享共同点，并了解对你的同事而言很重要的事情。

第八章 CHAPTER 8

了解你自己：优势、劣势和需要改进的方面

> 当你为成功做好准备时，你需要评估自己的劣势，尤其是由于之前从未做过某项工作而产生的劣势。没关系，每个人都有劣势。关键是要从战略上消除它们。

作为初创公司的领导者，你拥有优势和独特的才能。和所有人一样，你也在某些领域缺乏优势，即处于劣势。其中一些劣势可以改进，而且你会在投入时间和精力进行改进的过程中受益；而对于另外一些劣势，你则需要在战略层面克服它们（或招聘其他人来帮你应对）。我们将介绍如何区分需要改进的劣势和需要接受并提出应变方法来克服的劣势。你应该庆幸的是，在担任高管之前，你不需要完美无缺，也不需要掌握初创公司的方方面面甚至是你所在部门的所有事情。

来自少数群体的成员常常会阻碍自己实现目标，因为他们认为一个人必须拥有人力所及的所有优势而不应该拥有劣势。这种完美主义的信念会阻碍你认识到自己作为初创公司领导者所具有的独特天赋和能力。

让我们来谈谈如何认识你的优势，了解目前你缺乏优势的领域，并

学会在关键的领域进行提升，同时在你不想进行提升的领域寻求解决方法。

作为初创公司领导者，你与自己的关系

你与自己的关系是你在公司建立任何关系的基石。通过更好地了解自己的需求、背景、敏感点、优势和劣势，你在处理与其他人的差异时就会有更多的自由。

你一生都在认识自己。你了解自己的失败和成功，你从一路上的经历中获得自我意识。[注意：如果你想了解更多自我探索的工具，阅读这些书都是很不错的尝试：杰里·科隆纳（Jerry Colonna）的《重启》（Reboot），戴维·里科（David Richo）的《如何成为一个成年人（How To Be An Adult）》，以及塔拉·布拉克（Tara Brach）的《激进的同情心》（Radical Compassion）]

虽然你自己的经历是亲身体验过的，但大多数初创公司领导者只有花时间真正意识到自己在这个世界上的经历，并产生同理心的时候，才能再创新高。什么事情会引起你的戒备或愤怒？什么样的环境让你感觉自己能力出众，哪些领域你天赋异禀？什么事情让你感到不被重视，或者什么情况让你感到害怕或生气？什么样的活动会让你感受到研究员米哈伊·奇克森特米哈伊（Mihaly Csikszentmihalyi）所说的"心流"（flow）[1]，即当你完全沉浸在你正在做的事情中会有一种神奇的轻松感贯穿始终？

---

[1] 心流是指一种将个人精力完全投注在某种活动上的感觉，心流产生的同时会有高度的兴奋及充实感。——译者注

作为一名少数群体的女性，我从小就不得不面对自己在这世界上经历的各个方面，并进行自我反省。我的身份为我提供了一条探索之路，从而使我更加了解自己的优势，并且清楚它是如何影响我在工作中的关系以及其他方面的关系。我们每个人都有多重身份。通过理解自己的经历，对此产生同理心，对于他人和他们的经历你也能产生更多的同理心。

认清你的优势

通常，我们的优势对我们来说是第二天性，我们甚至对此没有意识，也没有给予足够的重视。像优势识别器（Strengths Finder）这样的工具是一个很好的选择，它可以让你更加了解你的独特优势，了解你能为组织带来什么。你可能已经拥有的、适合你的领导角色的优势包括：

● 在诸如财务、运营、市场营销、销售等方面积累多年经验后，你在某个职能领域拥有深厚的专业知识。你了解你使用的技术栈、工具以及你所在领域看重的东西。

● 你希望在某个领域担任领导者，你了解这个行业及其客户。如果你曾亲身经历过这个痛点，那就更有优势了。举个例子，我曾在建筑技术领域的一家初创公司工作，这家公司是一个提供企业对企业SaaS的双边平台。公司中具有建筑背景的人比那些只有企业对企业SaaS背景或市场背景的人更容易理解理想客户画像。

● 拥有在初创阶段公司和成长阶段公司的工作经验。根据埃拉德·吉尔（Elad Gil）在《高增长手册》（*High Growth Handbook*）中的说法，大多数创始人想要的高管是能在接下来的12至18个月内让公司业绩增长的人，而不是那些已经证明他们可以在五年后带领公司进入增长阶段的人。[1]因此，如果你曾在处于初创阶段的公司担任过领导者，那将很有帮助（如果你说"我让公司的年度经常性收入从100万美元增长到500万美元"，那么相比有类似经验的人试图在一家年度经常性收入为5000万美元的初创公司担任领导者，你更容易推销自己）。

- 项目管理能力。你可能知道如何进行项目管理以获得成功，并与合作伙伴和其他跨部门的团队进行良好合作，即使你以前从未有过"负责人"的头衔。

- 优秀的书面表达和口头沟通能力。许多擅长写作的领导者认为这是理所当然的。如果你可以记录、展示或以其他方式可以在公司内部和外部分享知识，那么这对你的初创公司来说是一大福音。

- 协作能力。与他人协作和合作的能力是初创公司高管的一项重要技能。

- 在你领域的某个特定部分具有深厚的知识。例如，你可能在对外营销或基于客户的营销领域拥有深厚的专业知识。虽然作为部门的领导者，你掌握了更多的知识，但是不要忽视你已经具备优势的领域。举个例子，在拥有营销团队和负责营销部门的所有领域之前，我在以客户为中心的内容营销、社区和品牌营销方面深耕了十多年的时间，随着我的晋升，我的经验对我而言是一种强大的助力。然而，我确实必须更加深入地了解我以前没有涉足过的营销相关领域，比如产品营销和需求挖掘。

- 出色的定量和分析能力，学会如何处理数据并根据你的分析讲述一个引人入胜的故事。

- 激励团队和成员实现目标的能力。这是一项被低估的领导者能力，如果你掌握了它，请不要"看轻"它的重要性！

自我评估是一个利润丰厚的行业。从聘请高管教练到360度评估（360 reviews）、九型人格测试（Enneagram）、DISC性格测试、优势识别器和其他评估，你并不缺少投入精力来了解自己和团队的机会。我没有极力推崇某一款最佳成长工具，你认为哪些工具对你有帮助，它们对你来说就是一个不错的选择。作为初创公司的领导者，你希望获得反馈和数据并从中学习，而且你需要找到方法来过滤并处理这些反馈。

可以帮助我们识别优势的问题：

● 到目前为止，我在我的领域具备了哪些专门技能？我是不是一名熟练的程序员，并且可以在我担任技术领导的时候利用这一技术专长？作为副总裁或首席营销官，我是否在需求挖掘方面具有深厚的背景知识，可以在工作中运用？

● 我已经具备了哪些领导能力？我是否可以清晰有效地写作和沟通？我是否具备管理经验（即使只是承包商）？我是否能自如地进行交谈和公开演讲？

● 我所做的哪些事情我认为是理所当然的，而别人却称赞我？根据埃琳·兰德的说法，人们称赞我们且我们认为理所当然的事情往往是我们的隐秘超能力。

劣势：（在你克服它们之前）让你患有冒名顶替综合征[①]的事情

作为一名中层管理者，你的职责范围通常是某个特定的领域。你有劣势，但你可以找到应对方法克服它们。在工作初期依靠一个领域的优

---

① 冒名顶替综合征（imposter syndrome），也称冒名顶替现象，指的是一种心理症状，即一个人怀疑自己的技能、才能或成就，无法将自己的成功归因于自己的能力，并有一种持续的内在恐惧，害怕被他人高估，害怕被别人揭穿自己是个骗子。——译者注

势是比较容易的，因为你的职责范围比较狭窄。

作为高管，我们会领导整个部门，最终也包括我们缺乏经验的领域。我们不需要知道如何执行所有的事情，但我们需要对部门的目的和目标有足够的洞察力，从而成功理解该领域需要执行工作背后的"原因"。例如，马特·哈拉达在第一次担任运营负责人之前，并不知道如何成为一名运营主管，但他知道运营主管需要为运营团队做什么，并且能够招聘合适的、有经验的人来完成这个角色的职责。弥补这些劣势需要一些指导和学习。

围绕你的劣势进行招聘，了解与正视你的劣势

在营销领域，我具有在内容、客户成功、社区和沟通方面的背景知识。营销运营不是我的主要优势。由于我知道这一点，认识到这一点，并且已经（在某种程度上）接受了这样一个事实，所以我需要在我的项目中招聘在营销运营领域具有优势的人来平衡我的劣势。

领导者都倾向于隐藏劣势或假装它们不存在，直到他们去弥补劣势。这种做法非常浪费时间，并且会加剧高管间的冒名顶替综合征。对我们这些来自少数群体的人来说尤其如此，如果我们不知道某件事，我们自然不会认为自己适合做这项工作，也不会认为自己能找到应对的方法。

可能会有一种自然而然的假设——"他们不是做高管的料"，这是不对的。我不会隐藏自己的差距，而是会在新岗位中坦率地承认差距。对于任何劣势，试着去理解它，对它感到好奇，给自己一些同理心（我们每个人都有劣势），并决定你要怎么处理它，这样它就不会阻碍你在高管之路上获得成功。

了解如何应对劣势

如果你正在阅读这本书，你可能想提高你在初创公司某些方面的领导力。那么，你该如何确定哪些工作你将亲自处理，哪些工作你会聘用别人来做，或者哪些工作你会交给团队中最优秀的员工来完成？

衡量你的效率：在你努力晋升时认清自己的能力

杰夫·安蒙斯实行了一套以指标为驱动的评分制度，消除了晋升过程中的各种臆测，从而帮助他辅导的有抱负的工程部领导者获得成长。

安蒙斯主张对技术、人员、流程和产品采用 10 分制的评分制度。

"我认为，想要成为一名部门的经理，那么你至少要在所有领域中都得到 6 分。在理想情况下，我希望他们表现得更加出色，比如，作为初级经理，在某个领域中至少要得到 8 分。"安蒙斯说，"我想确保在提拔他们之前，他们在所有其他领域中都能表现出 6 分的能力。"

安蒙斯认为，通过衡量能力，工程部领导者可以看到如何根据成绩来提升自己。这与那些认为工程部领导者"只需要 5 年"或其他任意时间来获得经验的想法形成鲜明对比，因为有些人可以更快地培养能力，而有些人则永远不能。

"征求反馈意见是很好的提升方法。由于你的能力可以让你获得各种回报，你会进步得更快。换句话说，你是具备 10 年的经验还是把 1 年的经验重复了 10 次？"安蒙斯说。

直面缺点：兰德·菲什金的观点

创业企业家兼作家兰德·菲什金（Rand Fishkin）创办了多家成功的公司，并致力于让初创公司对所有人更具包容性。他注意到在许多公司人们习惯"隐藏"缺陷，这也是我曾注意到的。人们不希望被认为不够优秀或不具备成功的条件，这是人之常情。

"在 95% 的组织中，人们无法直面自己不擅长的事情，因为你不会因为坦率承认自己的错误和缺乏经验而获得回报。如果你是一名女性或属于有色人种，或者是任何非异性恋白人男性，这种情况就倍加真实了。"菲什金说。

"由于我四十多岁，是一名具有时尚感的异性恋白人男性，人们就给了我很大的犯错空间。他们说，'你知道，如果他说他不明白某件事情，我们还是会给他一次机会。'对那些和我不是同一类的人来说，这几乎是不可能的。激励措施并不存在。"菲什金说。

"在企业环境中生存通常意味着撒谎和误导，或者通过撒谎来隐瞒。"菲什金说，"我们的企业文化是自己私下花时间去解决问题，在晚上和周末学习并提升自身的技能，或者聘用在某方面很擅长的人加入我们的团队。"

"如果可以的话，辞去那些你不能如实承认自己的弱点的工作，并加入那些让你可以树立心理安全感和具有良好企业文化的公司。"菲什金说。

确认你不擅长并需要改进的方面

这些方面可能包括：
- 主题专门技能。在你的部门中，你缺乏哪方面的专门技能？哪些事情对你来说不是轻而易举——无论是你所在部门中高度定性或定量的部分，还是需要的技术知识（至少目前）你正好缺乏？

- 知识：产品、关于你所在公司或市场的知识、关于你所在部门或领域的最新见解（例如，最新的销售工具是什么？或者收入确认这一会计原则的最佳实践是什么）。
- 交付成果：学习如何制作有效的幻灯片。你在组织或写作方面较弱吗？你是否需要招聘某人来帮助你提升在交付成果方面的能力？
- 执行力：公开演讲、如何构建框架、创建商业理论。
- 你所在部门的主题专门技能、工具知识、增强信心等，这些都是你可以与教练一起努力的方向。

招聘员工以补充你缺乏的技能

作为领导者，我们需要聘用在技能和经验方面与我们互补的人。我们想要拥有所有的经验和技能，是不可能的。我们是否更有"创意和大局观"，而不那么注重细节？我们可以聘用那些在我们不擅长的领域表现出色的人。

深入了解我们的动机

每个人都受到不同事物的激励。你成为初创公司的领导者可能是因为想要学习、增加收入、获得成就感，或者在团队中建立比你经历过的更健康的模式，或以上所有因素。学习并适应你的动机，以便更好地了解如何利用动机。

教练兼作家杰里·科隆纳说："全面发展的、更出色的人，才能成为更好的领导者，这需要彻底的自我探索来突破我们的固有模式。"

不论头衔，专注于提升价值

初创公司领导者萨拉·因诺琴齐（Sarah Innocenzi）在她的职业生涯中曾多次担任高管级别的职务，包括人力资源副总裁和参谋长（Chief of Staff）。但最终，她意识到，无论她担任什么职务或有什么头衔，提升自我价值对她来说都是最重要的。她意识到她想优先考虑她的影响力而不是她的头衔，这让她自己都感到惊讶。

"我早期职业生涯的大部分时间都是为了获得晋升，让自己担任更高级的职务。当我实现目标时，我意识到我仍然没有获得满足感。"因诺琴齐说。

因诺琴齐决定加入一个更大的组织，在那里她可以担任领导者，但不一定是高管级别的领导者，并获得支持。当她决定将她在初创公司高管岗位上的专业知识带到一个更大的组织时，她知道自己会成为领导者，但拥有不同的头衔。

"我真的开始重新考虑去探索稍微大一点的企业，在那里我会遇到经验丰富的导师，可以为我和我的职业发展增加价值。"因诺琴齐说，"之前我努力当上了高管，但现在我要转变方向追求其他职位，这肯定会经历一个可怕的自我反省过程。"

接受即兴演讲，成为一个更关注当下和善于协作的领导者

初创公司高管科琳·布莱克经常给她团队的领导者开展即兴演讲。

当我和她一起工作时，我按照她的要求开始上即兴演讲课，我发现课程十分有趣而且很有价值，我从中学会了很多有领导的场合能派上用场的演讲技巧。

"即兴演讲教你如何成为一个更好的倾听者。"科琳·布莱克说，"当你在集思广益制定策略时，到场并真正倾听他人的意见会带来许多可能性。"

通过"个人回顾"了解自己

Compassionate Coding 是一个帮助公司创造更加人性化的工作场所和技术的组织，其创始人兼首席执行官阿普里尔·温塞尔（April Wensel）建议所有初创公司领导者进行"个人回顾"，从而确定在工作和职业生涯中对他们而言真正重要的是什么。以下是温塞尔对个人回顾的建议。

练习：阿普里尔·温塞尔的个人回顾

- 时间分配：5~10 分钟
- 材料：纸和书写用具或电脑

安静地坐下来思考以下问题，然后写下你的答案：

- 你在生活中真正关心什么？列举 3~5 件事情。
- 你的个人价值观是什么？
- 在哪些方面你能够依照个人价值观生活，哪些方面不能？
- 你需要改变什么？
- 你会采取哪些具体步骤来做出这些改变？
- 为下个月的回顾做计划，检查你的进度并根据需要调整你的行动计划。

"很多时候，我们会陷入放任自流的状态。"温塞尔说，"人们被困在让他们不开心的岗位上。如果你不开心并且在苦苦挣扎，可能是时候辞去那份工作了。"

温塞尔说，如果我们不马上采取已经确定的步骤去做出改变，也没关系。例如，有些人可能不愿意立即戒烟。

"如果是这种情况，你可以开始制订一个逃跑计划。完全按照你的价值观生活需要承担风险，有时为了坚持信念你也可以违背自己的价值观。"温塞尔说。

同样地，Asana 公司的首席营销官戴夫·金（Dave King）建议制作一个"幸福感和成就感时间表"，这个练习是他在斯坦福大学商学院读工商管理学硕士时学到的。金说，他能"把幸福感和成就感区分开来，因为人们经常把这两者搞混"。

金说，在他的第一个女儿出生后，他的妻子生病了，在医院住了三个月。他在照顾新生儿的同时，还在初创公司担任领导者做管理工作。

"那不是一段幸福的生活时光，但那段时间我过得非常充实。"金说，"我回过头来看，那是一段让我们聚在一起的经历。"

在你的生命中，哪段时间你过得最幸福、最有成就感，以至于在你规划下一个前进方向时，你可以从中获取灵感？

练习：戴夫·金的幸福感与成就感时间表（改编自斯坦福大学商学院）

- 时间分配：5~10 分钟。
- 材料：纸和书写用具或电脑绘图软件。

绘制以下内容：

- 画一张你从 5 岁开始的生活折线图，从你能记事的时候一直到现在。
- 在纵轴上，写上幸福感和成就感。

- 画一张折线图，展示在你过去几年的生活中，幸福感和成就感的高峰和低谷。
- 想想家庭、锻炼、职业和社区等话题如何影响你的幸福感和成就感。
- 把生活中的这些事情绘制成图表，看看哪些地方是高峰和低谷，了解发生了什么，以及这些经历说明你是什么样的人、你重视什么。

金和他的妻子每季度进行一次"异地"活动，他们会去外地度过一天，享用一顿丰盛的晚餐，并抽出时间审视两人是否按照他们作为夫妻设定的价值观来生活。

"你经历了很长一段时间的失衡生活，你意识到这一点，并希望重新恢复平衡。"金说。例如，他的妻子最近从谷歌跳槽到了 Lyft 公司，新的工作、新的团队、新的工作时间和更频繁的出差打乱了家庭生活的平衡。当这对夫妇意识到这一点时，两人决定金要在家庭中多投入一点时间来适应妻子的新工作。"我们知道，在某个时候我们会再次恢复我们的步调。"金说。

金强调，对那些进行这个练习的人来说，没有正确或错误的答案。一切都基于你看重的事物。他和他的家人看重的东西包括城市便利设施、能够步行上学以及很少使用汽车。

"在旧金山，我把孩子送到学校后再去公司所需的通勤很短。"金说，"有的人会在火车上花一个小时，他们看重在火车上工作和减压的时间。对我来说，这不太有利于心理健康。我宁愿工作或者与家人待在一起。即使是一点点运动或骑自行车也能恢复活力并产生能量。对我来说，通勤会消耗精力。我们生活在城市中就会有所牺牲；如果我们住在其他地方，我们可以有一个院子或者其他各种好处。"

了解我们的特权以及它如何影响我们的工作

无论我们来自什么背景，我们都需要努力去了解特权及它在职场和世界中的运作方式。

根据心理学家梅拉妮·乔伊（Melanie Joy）博士在《素食主义者矩阵》(*The Vegan Matrix*) 一书中的说法："特权是个人或群体拥有的一种实际上的或心理上的优势，其他人则被剥夺了这种优势。"[2]

乔伊说："特权只存在于与他人的关系中……特权是使压迫制度保持活力的关键因素。它通常是无形的，并且在没有意识到的情况下，我们的特权让我们捍卫而不是挑战压迫。"[3]

我们的特权可以在很大程度上影响我们的领导方式。通过努力了解特权在我们的社会和公司内部的运作方式，我们可以采取必要的措施来质疑我们的信念和感受。

根据《备忘录》(*The Memo*) 这本书，作者明达·哈茨（Minda Harts）在"致我的白人读者：不再有通行证"（No More Passes: For My White Readers）这一章中分享道：

"你可能会惊讶于有色人种女性在职场中所遭遇的经历，以及一些白人如何让晋升变得更加困难。第一步，我需要你改变思维方式；你不能再躲在你的'安全空间'内，认为我们在职业生涯中没有晋升是因为我们工作不够努力或者因为我们不具备资格，认为我们在职场中受到不公正的待遇是因为我们都是'女性'……为了让真正的改变发生，你必须倾听并敞开心扉去忘记那些一直以来令你感到舒适的东西。"[4]

初创公司的每个人都有责任尽量不表现出偏见，不给我们周围的人带来伤害。这项工作不仅仅是一个群体的责任，当然也不能完全依靠那些来自少数群体的人士。

作家兼技术专家苏珊娜·特德里克在她的《科技界有色人种女性》（Women of colour in tech）一书中分享道：

"这种系统性问题的解决方案不能仅靠某一群体，它需要每个人的努力和交流。"[5]

接受自己的全部，包括"阴暗"面

根据教练兼作家杰里·科隆纳的说法，"阴暗"面代表的是"否认部分自我。对我们中的许多人来说，为了安全起见，我们可能在成长过程中学会了否认自己的某些部分。"科隆纳说，"如果我们被社会要求成长为'具有男子气概的人'，我们可能无法自由地表达自己的感受。如果我们在成长过程中认识到，直言不讳会给我们贴上'攻击性'和'有问题'的标签，那么我们可能就学会隐藏这些部分，变得过度讨好他人并保持沉默。这可能会影响我们在领导岗位上的表现，因为作为领导者我们需要采取行动、做出决定并自信地表达我们的意见。"

你是否将自己的一部分"外包"给你的团队

认识并承认我们的阴暗面是我们作为成年人，作为领导者的工作，以确保我们不会以奇怪的方式把阴暗面表现出来。

科隆纳在他的书中分享了一个故事（并在科技之星的导师电话会议上与我分享），他曾经指导了一位首席执行官，这位首席执行官聘用了一个"贪婪的人"，这个人的贪婪让他感到沮丧。

"对他来说，突破性的时刻是当我说，好吧，这家伙是谁聘来的？"科隆纳说。首席执行官回答说："是我。"科隆纳提醒首席执行官，当聘用这个人时，他就应该知道这一点。

经过反思，这位首席执行官承认，这个"贪婪"的人从小就很穷，酗酒成瘾，十几岁时就离家出走，无家可归。他非常想拥有"足够多的东西"，而他的潜意识已经将其标记为"贪婪"并埋藏起来。

"他把自己内心不接受的贪婪感'外包'出去了。"科隆纳说。

科隆纳说，我们这些拥有权力的人"特别容易将我们自己不认可的那部分'外包'给组织里的某些人。当我们承认那些不认可的部分时，我们就突破了扭曲组织的困境"。

建立健康的界限

想要真正了解自己，了解自己需要什么样的界限从而保证高效的工作和生活，这需要时间，但这个过程会带来回报。

根据初创公司营销负责人艾伦·琼（Allen Chong）的说法，健康的界限可以提高他的工作满意度和绩效。"我的团队注意到，当我在休息时间停止工作，我会变得更快乐、更有效率。"琼说。

"学习如何建立自己的界限是关键。"谷歌公司活动和体验经理阿兰娜·科比特（Alana Corbett）说，"没有人会帮你设定界限。有了内部的自我意识后，当我开始感到倦怠时，我知道我需要在周五休息一天。我可以在冲刺和休息期间做更多工作，而不是感觉工作永无止境。"

科比特举办的体验活动可以吸引成千上万的人。她能够在繁忙的活动后恢复活力。

"了解你的局限性能让你真正拓展自我并保持安全。"科比特说。

第九章　CHAPTER 9

了解并和你的团队一起定义公司文化

你的公司是如何运作的，尤其是在远程优先的后疫情时代？公司知识库是什么样的？你们是如何协作的？公司的规范和文化是什么？作为高管，你要为你的团队定下基调，同时你也在一个更大的组织内工作。以下是深入了解公司文化的方法，以便你能为获得成功做好准备。

一家初创公司的决策是由其价值观驱动的。这些价值观影响着一切，从对待供应商的态度到为员工的办公桌分配多少预算，再到育儿假等。根据德勤公司的一项"千禧一代调查"，千禧一代的年轻人希望在符合他们价值观的使命驱动型的公司里工作。[1]

了解初创公司的价值观

每家初创公司都在一个隐性或显性的价值体系中运作，这种价值体系是指一系列指导初创公司各个方面的原则。价值观可以帮助公司在陷入僵局时确定方向并做出决策。

公司的价值观为以下问题提供了答案："这符合我们想要实现的目标吗？"在做出任何重大决策之前，都应该考虑一下公司的价值观。

公司价值观驱动行为

无论是隐性还是显性的公司价值观都会影响行为。例如，在我工作过的一家早期初创公司中，大家都知道我们应该像对待客户和员工一样尊重承包商和供应商，甚至在明文规定这条价值观之前（这条价值观后来被纳入公司知识库），大家就知道这一点。

该公司的首席执行官明确表示，遇到不确定的情况时，我们在合同协议中应该宁可慷慨一些，这样即使供应商与我们终止合作，我们也能与他们保持友好的关系，甚至比刚合作的时候关系更好（不幸的是，许多初创公司和规模更大的企业并没有以应有的尊重来对待承包商和供应商，也没有适当地重视他们）。

价值观影响公司文化的其他方式

价值观体现公司的主要规定中，如招聘、员工福利、远程工作等规定，甚至还包括公司如何应对竞争对手和政府机构。请参阅优步公司（Uber）的历史，了解他们最初的价值观如何影响他们对待竞争对手和政府机构的行为。在新领导弗朗西丝·弗赖——《释放：领导者指南——如何放权给你周围的每个人》（*Unleashed: The Unapologetic Leaders's Guide To Empowering Everyone Around You*）这本书的作者之一兼哈佛商学院教授——和新任首席执行官达拉·霍斯劳沙希（Dara

Khosrowshahi）的帮助下，优步公司改变了其价值观，这对成功塑造优步公司新的公众形象产生了巨大影响。

公司价值观塑造了你在初创公司的每一次经历。以下是一些公司已公布的价值观的示例：

- 分享知识（ServiceRocket）。
- 不要辱骂客户（Atlassian[①]）。
- 判断力（Netflix[②]）。
- 勇敢的心（Headspace[③]）。
- 永远成长（Ping Identity[④]）。

打造高绩效、互助性的团队文化

作为初创公司的领导者，你有责任组建和培养一个优秀的团队，并打造强大、互助型的公司文化，让人们在超越目标的同时也能感受到来自他人的支持，从而尽最大努力完成工作。你所打造的文化将是公司价值观的延伸，但对你和你的团队来说，这种文化的表达方式将是独一无二的。

初创公司内部并不只有一种文化；正如风险投资家布拉德·费尔德

---

① Atlassian 是一家澳大利亚软件公司，主要针对软件开发工程师、项目经理和软件开发团队来设计软件，其著名软件产品有 Jira 和 Confluence 等。——译者注
② Netflix 是一家会员订阅制的流媒体播放平台，成立于 1997 年，总部位于美国加利福尼亚州。——译者注
③ Headspace 是一家英美在线公司，专门从事冥想工作。通过有科学依据的冥想和正念工具，Headspace 帮助人们创造改变生活的习惯，从而维持身心健康。——译者注
④ Ping Identity 是一家成立于 2002 年的美国软件公司，主要为大企业提供身份和访问管理解决方案，以其单点登录和多因素身份验证解决方案而闻名。——译者注

（Brad Feld）所说，这是因为每个被聘用的人都会创造一种"文化附加"（Culture add），而不是"文化契合"——它会使招聘中的偏见长期存在。

在团队中建立信任

作为团队的管理者，初创公司的领导者必须引导和支持团队成员，建立信任和归属感。如今，越来越多的员工直言，他们希望有高绩效的工作文化，同时希望在多个层面上感受到来自他人的支持。

作家兼高管教练凯莉·克伦普（Kaley Klemp）主张在领导岗位上采取激越慷慨的思维方式，特别是要把每个人的界限纳入共识中。

优先事项是你"同意"的事情；界限是你"拒绝"的事情。你需要在团队中就你们共同的准则进行一次沟通。你要询问你的团队："我们的共识是什么？我们'同意'什么？我们'拒绝'什么？我们什么时候重新审视关于同意或拒绝的决策？"克伦普说，这些问题是团队中"明智"领导者的关键所在。想要了解更多关于优先事项和界限的信息，可以阅读克伦普和她的丈夫纳特·克伦普（Nate Klemp）合著的《80/80 的婚姻》（*The 80/80 Marriage*）一书。想要了解更多相关主题的信息，可以阅读她与吉姆·德思默（Jim Dethmer）和黛安娜·查普曼（Diana Chapman）合著的《明智领导的 15 个承诺——可持续成功的新范式》（*The 15 Commitments of Conscious Leadership: A New Paradigm For Sustainable Success*）一书。

打造无须"永远在线"的文化

在一个健康的团队环境中，如何完成工作需要规定健康的界限和合理的期望。设定明确的工作时间并尊重员工在工作之外的生活。清楚地告知你的团队，你希望员工之间多久沟通一次，以及你要为员工提供设置健康工作界限的方法。

打造包容性团队，让来自不同背景的员工可以共同发挥优势

越来越多的大公司逐渐增加对多元化和包容性的关注并为此做出努力，将预算分配给为提升多元化和包容性而设置的职位，把所做的努力纳入员工体验。不幸的是，这在处于早期阶段的初创公司中并不常见。如果你作为来自少数群体背景的领导者加入早期初创公司，你会得到额外的关注。作为一名公开的来自少数群体的女性技术主管，当一个团队成员私下告诉我，他在加入公司的时候感到很自在，因为我是领导团队的一员，对此我总是感到很惭愧。永远不要低估对少数群体的关注在打造包容性团队时产生的价值。

以下是一些有助于学习如何打造包容性团队的好书：

●《释放：领导者指南——如何放权给你周围的每个人》，作者弗朗西丝·弗赖和安妮·莫里斯。

●《科技界的有色人种女性：激励和指导下一代科技创新者的蓝图》，作者苏珊娜·特德里克。

●《备忘录》，作者明达·哈茨。

●《时间到了：如何把被低估变成你最大的优势》（*It's About Damn Time: How to Turn Being Underestimated into Your Greatest Advantage*），作者阿兰·汉密尔顿（Arlan Hamilton）。

●《职场中的心理健康与幸福感：雇主和雇员实用指南》（*Mental*

Health And Wellbeing In The Workplace: A Practical Guide For Employers And Employees），作者吉尔·哈森（Gill Hasson）和唐纳·巴特勒（Donna Butler）。

● 《如何成为一名有包容性的领导者：打造归属感文化，让每个人都能茁壮成长》（How To Be An Inclusive Leader: Your Role In Creating Cultures Of Belonging Where Everyone Can Thrive），作者珍妮弗·布朗。

包容性是指营造一个非同质化的工作环境，在这种环境中晋升和留住人才都基于个人资质，而非基于个人的外部特征——如以下这些：

- 民族和种族多样性。
- 少数群体意识。
- 跨文化意识。
- 无障碍性。
- 残疾。
- 年龄和年龄歧视。
- 宗教信仰。

在团队中创造"平衡"

奥布里·布兰奇主张打造"平衡"的团队，他认为许多公司在涉及团队的多元化和包容性时关注的是错误的衡量标准。布兰奇说，单个团队的包容性指标很重要。布兰奇认为，专注于总体数据可能会误导统计数据。[2]

布兰奇说，平衡既关乎团队的领导者，也关乎公司的多元化和包容性或人力资源专业人士，所以要自己主动学习如何修复关系，并承担责任创造一个包容的环境。

设定健康的工作期望以支持团队的包容性

我曾经在一位喜欢加班的高管手下工作。她作为一名在职母亲，为了出色完成工作经常熬到半夜（甚至更晚）。我经常在她的工作或项目管理系统中看到非常晚的更新时间。但她总是明确表示，尽管她有自己的偏好和安排计划，她并不希望她的团队加班到很晚。有时，我决定加班，但我从来没有感觉到加班的压力。我怀疑我们的团队也是如此。

健康的团队文化是经理以适合自己的最佳方式工作，而团队成员也能以适合他们的方式工作。一些领导者会在特定的工作时长之后通知暂停工作，或者鼓励其团队这样做。他们会禁止在周末发送与工作相关的电子邮件。使用工具来设置边界很棒，但实际比这更简单。只要对你的团队设定边界明确的期望即可。

这就是团队的意义；我们互帮互助。我们可以创造性地根据彼此的日程安排工作，同时尊重需要完成的工作。比起工作成果，我们更加看重彼此的健康和幸福，因为我们知道，作为一个完整的人只有我们是自信和强大的，我们才能出色地完成工作。

培养团队的心理安全感

根据吉尔·哈森和唐纳·巴特勒合著的《职场中的心理健康与幸福：雇主和雇员实用指南》这本书中的说法，"人们需要获得心理安全感……在一个具有高度心理安全感的团队中，每个人都可以安全地承担风险，并在他人面前展现脆弱。他们可以自如地表达自己的想法并拥有安全感，因为没有人会因为引出棘手的问题、说出担忧、犯错或承认错误、提出问题、寻求帮助或者提出新想法而诋毁他们，让他们感到尴尬或受到惩罚。"[3]

团队的心理安全感对每个人都有好处。对于你的直接下属，对于他们的家人和朋友，你所做的决策并不轻松，这关乎培养同理心和尊重他人。即使（或假如）你必须解聘某人，你也可以用一种尊重方式——尊重他们作为独立的个人——来做这件事（即使这是一场艰难的谈话）。

立志成为富有同理心的领导者，让员工的生活更美好

"你的领导职位越高，你就越有可能因为自身的盲点而给他人造成伤害。不要把你的特征投射到你的团队上。"奥布里·布兰奇说。

想要成为一名富有同理心的领导者，并致力于打造具有心理安全感的团队文化，有以下几种方法：

● 在对一件事情做出反应之前，先处理好自己的情绪，包括焦虑和愤怒。这包括不要冲动地与团队有激烈的争执，而是等强烈的情绪平复下来，再进行交流。

● 了解你的偏见并尊重每个人的个性。意识到自己的偏见并努力克制，以免你在无意中产生歧视或创造一个敌对的工作环境。每个人都有偏见。我们都必须学会如何识别它们，而不是让歧视行为长期存在。

● 当你在与团队成员相处过程中犯错或失策，你需要承担责任并制订或改进计划。不要指望别人来减轻你的愧疚感。举个例子，如果你发表的评论涉及他人的身份从而冒犯了他，请承诺改正错误，并且不要在其他人身上犯同样的错误。

● 鼓励你的团队寻求适当的支持。如果发生侵犯员工的权利或界限的事情，请不要忽视该员工的担忧。鼓励团队成员从人力资源部或人员运营部获得帮助，并愿意帮助他们寻求这些资源。在这种情况下，领导

者经常进入"英雄"模式，并试图解决所有问题。你的能力有限，你不是员工的治疗师。对那些认为自己拥有最终控制权的人来说，接受这种观点既令人恼火又让人可以不受束缚，因为由此你知道你可以帮助团队成员寻求解决方案，同时在大多数情况下你并不是解决问题的唯一（或最佳）资源。

● 要理解团队的健康和幸福永远高于工作。不要期望你的团队将他们的幸福置于公司需求之上。要意识到人们都会经历某些时刻，需要长一点的假期或工作上的灵活性。只要他们完成了自己的目标，就不要责怪他们或让他们感到内疚，不要给他们压力，让他们为了公司的利益而搁置自己的幸福。

● 对自己要富有同理心。与教练、精神顾问或治疗师一起直面自己的内心活动，从而更好地了解自己的需求和沟通方式，这样你就可以更好地学习如何应对他人的需求和风格。

作为一个领导者，如果你情绪成熟且富有同理心，你就会给人们的生活带来改变。你不需要成为医疗保健工作者或教师，就能对人们的幸福感和个人发展产生积极影响。

以个人身份了解你的团队

建立关系的一部分是了解你的团队优势、偏好和劣势。例如，我的领导团队很看重我的同理心，以至于当我凭直觉认为某个候选人有问题的时候，领导团队对此会格外关注。有时甚至我还没有领导团队那样重视我的直觉。这是一种充分利用技能池的明智方式。

埃丝特·佩雷尔说："在工作中，人们带着两份简历出现：他们的履历和他们的人际关系史。"[4]

佩雷尔暗示的是，基于过去的工作甚至人际关系，我们都会形成不同的"成见"。我们通过过去的经历来看待我们的工作和我们的世界，帮助其他人在他们的旅途中做自己并出色完成工作。

第三部分

打造和管理你的团队与部门

第十章　CHAPTER 10

招聘人才建立归属感

> 你的团队成员很重要。以下是如何打造一个超一流的团队，并避免一些陷阱的方法。

无论你是接手一个团队还是从头开始构建团队，作为初创公司的领导者，你都需要学习如何成功地领导一群由个人贡献者和经理组成的团队。

招募新的团队成员

虽然理想情况下，你所在的初创公司有人员运营或人力资源招聘团队，但你的成功取决于你是否可以招聘到具有技能和经验的人员，能为你的团队带来成果。

你聘用的任何人都必须与以下三个方面保持一致性：

● 所需的技能和经验能够实现组织中该职位的业务目标（与公司更远大的业务目标挂钩）。

- 公司的价值观与文化。
- 你的团队的独特文化。

这需要做出各种平衡，对吧？招聘是最有价值的创业技能之一是有原因的。这是团队领导者最重要的工作之一。

不幸的是，许多高管因为无法聘用和留住顶尖人才而离职。招聘具有发展潜力的人才很难。这听起来合情合理，但如果你不能有效地打造一个团队，你就无法胜任初创公司领导者的职位。你需要说服顶尖人才加入你的公司，但更重要的是，加入你领导的团队。

在小型初创公司中更是如此。较大的公司或正在扩大规模的公司受益于其规模，如果有人不喜欢在某位经理手下工作，他可能会更换团队或部门（即使在同一组织内）。当你开始拥有比你低两个级别的员工（即向你的直接下属汇报的下属）时，低层级员工可能会因为其直属经理离职，这就解释了为什么聘请优秀的经理非常重要。

当你接手团队时该如何做

正如你可以接手之前员工留下的软件或工具一样，你也可能会接手一个团队。通常，早期初创公司的团队成员都是通才，而你想要获得成功就需要配备专才。

通常，你加入某家初创公司是因为它们过去只有通才，这些人在你的职能领域内缺乏经验，因此你加入公司后需要进行评估并可能要对团队成员做出调整。随着初创公司的发展，会有越来越多的专才加入，因此你在打造团队的过程中可能会让之前的通才员工离开或者为他们谋求新的职位——在另外一个团队或另外一家公司。不要立即忽视你团队中的通才员工，你可能会从他们掌握的公司系统性知识中受益。

接手一个团队时，需要评估以下事情：
- 团队成员能带来哪些技能和价值（包括历史知识）？
- 你可以聘用新员工来填补哪些差距？
- 是否有表现不佳的团队成员不适合他们当前的职位，可能需要转岗到另一个团队或离开公司？
- 了解在你加入公司之前这个团队是如何工作的，什么方式有效，什么方式无效？

招聘团队成员

你要与首席执行官合作，一起绘制组织结构图，并确定如何让你的员工与你所设定的目标保持一致。通常情况下，招聘发生在融资的时候以及公司发展到达某个关键节点的时候。你需要预测招聘的员工人数，并证明你在关键领域的支出是合理的。

设计组织结构图

当你加入你的团队时，你需要了解并构建组织结构图。在早期阶段的初创公司中，许多最初的员工都是通才。你需要准备好从以前的团队中挑选老员工（当然，要遵守一切合同协议），并制订你的组织计划。

在一个处于非常早期的初创公司中，制定组织结构图可能就像写下你的名字并圈起来一样简单。随着你的成长，你需要扩大团队规模，增加关键团队成员的人数。在非常早期的初创公司中，降低招聘风险的一个好方法是聘用代理机构或顾问来证明他们带来的资源的价值。例如，为成长中的早期营销团队制订的招聘计划可能如下所示：

第一季度——全职员工（full time employee，FTE）：你（营销副总裁）+ 顾问和代理机构 [搜索引擎营销（search engine marketing，SEM）、搜索引擎优化（search engine optimization，SEO）、品牌、产品营销、内容、需求挖掘和客户营销（account-based marketing，ABM）、自动化、公关、业务拓展代表（business development representative，BDR）]。

第三季度——全职员工：你 + 需求挖掘和客户营销高级经理、业务拓展代表、产品营销主管、内容主管和代理机构（搜索引擎营销、搜索引擎优化、品牌、内容作者、产品营销、公关、内容、需求挖掘和客户营销、自动化）。

第四季度——你 + 需求挖掘和客户营销高级经理、业务拓展代表、产品营销主管、内容主管、内容营销经理和代理机构（搜索引擎营销、搜索引擎优化、品牌、内容作者、产品营销、公关、内容、需求挖掘和客户营销、自动化）等。

招聘建议：创建一张记分卡

与人力资源或人员运营团队合作，创建一张包含候选人技能和经验的记分卡。它可确保你能准确掌握雇员所需的正确属性。根据技能在职位中的重要性对技能进行排名（0~4 个等级即可），给每项技能设定百分比，各项技能相加为 100%。使用招聘记分卡，面试官就不会根据自己看重的事项而随意对候选人进行评估。如果某人在对该职位不那么重要的方面得分较低，就把它标记为"有的话更好"（相对于那些"必须拥有"的技能而言）。

记分卡让招聘人员能够锁定合适的人才，剔除那些没有关键技能的候选人。记分卡还防止招聘人员因为对基本任职资格的误解（这是招聘过程中偏见的另一来源）而取消潜在优秀人才的资格。记分卡可以帮助每个面试官评估候选人并确定最有资格的人。

减少招聘过程中的偏见

正如风险投资家布拉德·费尔德所说，招聘人才是为了寻找文化"补充"，而不是文化契合。招聘的时候要明确这份工作的要求，而不是候选人最好拥有某些技能（这也是减少招聘偏见的一种方法）。不要试图保留团队文化，而是要清楚每个新人都会给团队带来不同的技能和特征。着眼于每个新人的优点，认识到他们的独特需求和属性将使你的团队更加多样化——这是一件好事。

注意"他们看起来像是可以一起喝啤酒的那种人"，这种"文化"不应被视作一个招聘标准！你可以随意和任何喜欢的人一起喝啤酒，但不要因为他们看起来像一个好相处的酒友而聘用他们。那样只会强化刻板印象。

培养公平、多元化和包容性的团队

根据麦肯锡公司 2020 年 5 月的一项研究[1]，多元化的公司更容易聘用和留住最优秀的人才，并在竞争激烈的市场中表现更好。根据你所在组织的成熟度，你可能已经制订了明确的多元化和包容性计划，但每个初创公司的领导者都有责任创造一个安全和舒适的环境来支持和包容多元化人才，并为之努力。有很多书都专门讲述如何消除招聘中的偏见和创建多元化的团队。就本书的目的而言，希望读者能了解初创公司的团队拥有塑造行业的强大力量。当你所在的公司支持增加包容性时，与公司的招聘团队合作，帮助他们了解他们应该向员工询问什么样的问题以及如何减少招聘过程中的偏见。确保你的团队中那些来自少数群体的个人（包括你，如果你也是）在晋升和薪酬方面不受歧视，也不会因身份而被排挤。

人员招聘：如何在当今竞争激烈的劳动力市场上留住团队中的人才

在《联盟》（*The Alliance*）这本书中，作者里德·霍夫曼（Reid Hoffman）、本·卡斯诺查（Ben Casnocha）和克里斯·叶（Chris Yeh）就员工与雇主之间关系进行了概述和探讨。他们在书中谈及"任期"——员工在此期间签署具体任务——是为了让读者意识到在任意劳动力市场中，公司和员工都需要为对方提供价值。[2] 任期的类型有"轮转期"——针对入门级员工的短期工作，通常为一至三年；"转变期"——由具体任务决定，通常为二至五年；"基础期"——处在该阶段的员工与企业 DNA[①] 保持一致，该任期时间一直持续。

在招聘时，员工与雇主之间进行着交易。虽然前几代人可能整个职业生涯都一直从事同一份工作，但在当今的劳动力市场上，初创公司的员工可以随时退出团队、离开公司，而在美国大多数州，公司也可以随时"随意"要求员工离职。当你聘用员工的时候，你和员工都能相互了解，你将为他们的生活和职业目标增加价值，并且你和员工还就其他条

---

① 企业 DNA，最早由美国管理大师、密西根大学商学院教授诺埃尔·蒂希（Noel Tichy）提出，他把企业比喻为一种活的非自然生物体，与生物一样有自己的遗传基因。正是这个基因，决定了企业的稳定形态和发展乃至变异的种种基本特征。——译者注

件（薪酬、福利、对工作的兴趣等）达成一致，那么你就会占据优势。如果你明白在某个时候，雇主和员工的关系会结束，而且它不必以煎熬的方式结束（对任何一方而言），那么你对工作的期望是健康且现实的，即工作对双方而言有价值、有意义，但不一定是永恒的。

第三部分
打造和管理你的团队与部门

第十一章　CHAPTER 11

一致性：制定战略让你的团队朝着相同的愿景和目标努力

> 制定正确的策略，不要进行微观管理。高管需要扩大团队规模，以下要探讨的是如何通过设定愿景来做到这一点。

授权是将一项任务或一组任务的真正所有权转移给其他人。在初创公司的团队中，每个人都在快速发展，微观管理在团队规模扩大的时候就不适用了。

作为初创公司的领导者，你需要向你的团队展示愿景，让团队成员能接受这个愿景并创造价值。当你逐渐形成自己的领导风格时，有许多框架可供选择。但正如组织心理学家兼高管教练丹尼斯·阿德西特所建议的那样："创建一个框架——任何框架——并测试它是否合适，比'没有框架'要好得多。"

帮助团队理解使命和战略背后的原因

要为你的组织设定目标，你首先需要了解你的使命。例如，如果你是 SaaS 销售团队的领导者，你的使命是通过扩大客户群或提高客户生命周期价值来增加营收。请注意，你的使命不一定是你的团队所独有的，SaaS 公司里的营销团队也专注于增加收入，而客户成功团队则专注于通过成功帮助客户实现目标来提高客户的生命周期价值。如果你是营销团队的领导者，你的使命可能是提高企业知名度并加强思想领导力建设，同时增加收入和扩大客户群，等等。

当你为你的团队设定使命时，它有助于你自己的团队和其他团队明确你是否遵循了公司章程，从而可以在做每一个决策时权衡这一点（这能提高我们的企业知名度或增加收入吗？如果不能，让我们重新考虑一下）。有时你的公司发展可能会偏离你的核心使命，如果这种情况经常发生，就需要重新评估扩大或改变你的使命是否有意义。例如，你可以在销售团队的章程中增加"扩大现有客户规模，在帮助客户成功达成目标的同时增加他们的客户生命周期价值"。

和团队一起设定 OKR

在设定了你的组织 OKR 之后，你需要为你团队中的每个人设定 OKR，以使他们能够在他们各自的角色中获得成功，不断成长。他们的 OKR 应该与你的部门目标挂钩，而部门目标又与整体业务目标挂钩。

与 OKR 挂钩的奖金

如果你的团队有奖金薪酬结构，请明确定义哪些衡量标准有助于获得奖金以及员工如何拿到奖金。你的公司可能会大概介绍奖金薪酬结构，并最终发布一份全公司的政策文件（他们应该这样做），但通常由你——作为一名早期初创公司的经理——来确认和协调这些细节。

承诺的薪酬不容更改。而初创公司常常在奖金问题上含混不清，给员工带来压力。如果你承诺员工当他们达成某些成果时会获得一定的奖金，那么你就给了他们一个确定的期望，然而如果你没有兑现承诺，或者很晚才兑现承诺，或者不以沟通好的方式兑现承诺（例如，你承诺了季度奖金，但最后只发了年度奖金），这些做法就会损害你与团队之间的关系。与员工提前沟通，确定要获得奖金必须实现的具体关键结果，这些结果对应的奖金额度以及奖金以什么形式在何时发出，这样才能防止未来出现偏差。

表现不佳的团队成员

当表现不佳是暂时的

有时，初创公司的团队成员会在短时间内表现不佳。这通常是出于压力过大或外部环境的原因，一般不会对他们的工作能力产生持久影响。他们可能会错过最后期限或未能完成目标。在你跟他们进行一对一交流时，重要的是了解他们表现不佳是否源于他们的工作生活中发生的事情，或者只是暂时性的问题。如果他们某一天、一周或一个月表现不佳，不要急于下结论觉得一切都完了。我们每个人都会有这种时候。向团队成员询问一些问题，了解发生了什么，并对他们表现出同理心；同时也跟他们一起找出解决方案，确保他们所在领域的关键工作任务得以完成。

当表现不佳一直持续并未改善

一些初创公司有所谓的绩效改进计划（performance improvement plans，PIPs）。通过正式计划首先将绩效问题记录在案，以此来对员工进行淘汰管理，这是淘汰表现不佳的团队成员的典型策略。然而，美国的大多数初创公司都是随意聘用员工，所以通常不会有绩效改进计划。

如果你要把某个员工加入绩效改进计划，通常你已经知道自己想要做什么，你是出于守法的目的将绩效表现记录下来并通知员工。有时候员工以为能够完成绩效改进计划中的目标并提高自己的绩效，但这一种情况不太可能发生。在进行正式或非正式的绩效改进计划之前，或者在淘汰管理某个员工之前，你应该清楚地告诉这位员工其绩效不达标，这一点很重要。告诉某位员工"你在这些方面没有达到我的预期"可能听起来很刺耳，但是相比金·斯科特所说的"破坏性同理心"，前者是相对仁慈的选择，因为后者会让员工对自己的表现不佳视而不见，失去纠正方向或主动转型的机会。

深入细节以了解问题的本质

如果你不密切关注并花大量时间去了解你的团队工作的来龙去脉，你可能会错过关键问题。这并不意味着要不断进行微观管理。一旦你的团队掌控了某些事情，并且你确保某个流程或团队领域的工作能顺利进行，你就可以放眼全局。但是，如果某些东西没有发挥作用，或者出现了一个新功能、新策略或新工具，你需要去了解它。你不能依赖他人的承诺，即使你真的把权限交给了那个人。在授权之后，你要花时间去关注细节，了解你的下属在微观层面所做的事情，即使你不是亲自做（或口头授权）那些事情的人。观察和提问是找到需要注意的领域的关键方法。一旦你仔细观察某个问题或程序的细节，你可能会发现你的假设不成立。

用你希望看到的行为来领导

所有父母都知道，无论你说什么，人们都会观察你的行为并对其做出反应，而不仅仅只听信你的言论。如果你告诉你的团队要在会议之前做好准备并带着议程来参会，而你却没有这样做，团队成员会注意到这一点，而且可能不会认真对待你；如果你对团队成员在言辞上不太尊重，即使那些你从未以这种方式与之交谈过的人也会注意到；如果你不使用项目管理系统来跟踪问题或工作，你的团队会注意到这一点，并且会认为记录所有工作不重要。这并不意味着你必须始终表现得完美无缺。当你承认错误或言行不一时，团队成员通常会表示宽容，但要努力让你的行为与你希望从别人那里看到的保持一致。

如何识别并解决团队中的冲突

The Globe Team 公司[1]的高管教练卡特琳·格伦瓦尔德（Katrin Grunwald）表示，冲突是自然的，但我们需要尽早有效地处理它们。她建议领导者在其团队出现冲突时问问自己："谁应该参与解决冲突？"

在适当的层面上解决冲突。一个没有激化的冲突比一个冲击人们身份的冲突更容易解决。

"一旦冲突涉及身份层面，事情就会变得非常艰难，作为领导者，重要的是要看看谁参与了冲突。"格伦瓦尔德说。

---

[1] The Globe Team 公司由卡特琳·格伦瓦尔德于 2018 年成立，总部位于德国慕尼黑，是一家致力于团队和组织发展的咨询公司。——译者注

增加对细节的关注时间

金·斯科特是《彻底坦率》和《公正的工作》两本书的作者，按照他的说法，"我们无法解决我们拒绝注意的问题"。[1] 职场中的不公正是交叉的，作为领导者，有时我们可能会在无意中造成伤害。"只有当我认识到我的特权是如何伤害他人时，我才能放下特权"。[2]

彼得·德鲁克有句名言："管理是正确地做事，领导是做正确的事。"无论你的级别如何，让自己和团队"做正确的事"至关重要。初创公司的高管通过制定与目标相关的明确战略来做到这一点，这使每个团队和团队中的每个人都能够了解什么是正确的事并创造价值。

第十二章　CHAPTER 12

同调：创造一种让团队成员能够贡献最佳绩效的文化

> 领导力不是天生的，它是后天培养的。令人惊讶的是，有很多初创公司的领导者缺乏领导力方面的培训。掌握这些基础知识，你就可以看到你的团队超常发挥。

同调（Attunement）是一个心理学概念，它源于人类的核心需求，即作为个体被看到、认可和尊重。这种需求自然会发生在初创公司的创始人身上。想想公司做出的所有关于创始人的决策。以下是我在公司创始人身上看到同调现象的几种方式：

● 以扑克为主题的公司节日聚会，因为创始人喜欢博弈类游戏。

● 在高科技会议上赠送小提琴，而我们的产品和品牌与小提琴或音乐无关，只因为创始人是一位小提琴家。

● 很少开会，因为创始人不喜欢会议。

● 大量会议，因为创始人喜欢会议。

● 公司聚会上不提供酒精饮料，这是一条不成文的规定，因为创始人不喝酒。

- 公司聚会上提供大量印度淡色艾尔啤酒（india pale ale，IPA），这是一条不成文的规定，因为创始人很喜欢这种啤酒。

上述的事情里有一些已经融入公司文化，你必须认真地去追根溯源，才能发现这与一两个人的偏好有关。这些偏好就像科技公司的物理定律一样。从联合创始人到最低级别的初创公司员工，个人层面的同调都是可能的。让别人发挥作用而不是一直标榜自己的贡献，你需要了解如何将团队中的个人作为个体来授权。这也是支持多元化群体的最佳方式——花费精力去真正理解和满足多元化的需求。在本章中，我们将讨论成功的策略和技巧。

以目标为起点：员工赋权

大多数初创公司都会定期设定目标和关键成果，这些目标和关键成果通过可衡量的结果来定义。要实现公司目标，你需要先实现团队目标，而团队目标则是通过个人实现自己的目标来实现的。协作单元意味着授权你的初创公司团队去实现目标。让每个人都朝着正确的方向努力并从事正确的工作是很困难的。颠覆一个新兴市场需要大量的协同工作和目标明确的计划。想要引导你手下的骨干加盟者实现目标，就需要他们了解并掌握自己的领域，然后做出贡献。

回想你曾经最好的一位雇主，想想他是如何对待你的。他们很可能是这样的：

- 始终帮助你理解团队愿景和战略，甚至（尤其是）在业务不明确的时候。
- 帮助你清楚地了解你的 OKR 或个人目标，以及这些目标是如何与团队目标、整体业务目标和使命结合起来。

- 鼓励你，相信你有能力在工作和职业生涯中不断成长并取得更大成就。

- 信任你可以胜任工作，让你真正拥有自主权，而不是对你工作的各个方面进行微观管理。

- 让你感觉到他们把你看作完整的个体来关心，而不仅仅只关心你的工作成果。

- 让你不惧犯错，只要你能从错误中吸取教训，并防止将来犯同样的错误。

- 十分友善。

- 把你视为一个独立的个体，不会在不了解你的工作方式和风格的情况下，单方面把他们的工作风格和偏好强加给你。

当你努力成为一个更出色的初创公司领导者时，请考虑成为这样的人：关注员工，给予员工更多的支持和鼓励，让员工感受到挑战性和参与感。当我们拥有一位能够给予帮助的领导者时，我们在职业中获得的成长会令人震惊。你为成为支持型领导者付出的努力越多，你对业务成果以及人们生活的影响就越大。

把打造健康的文化作为团队的优先事项

打造健康团队的选择从你开始。把创造一个团队成员可以茁壮成长的环境放在首位。

"作为一名经理，我知道我不仅要对业务成果产生影响，还要对人们的生活产生影响。当我把这种意识带入我的团队中，促使项目获得成功的动力就会提高十倍。"工程部负责人斯蒂芬·斯特里普林（Stephon Striplin）说。

构建健康的流程和资源，你就能授权给你的下属，让他们提供更多的价值并在工作中更加快乐。

团队赋权从建立信任开始

安妮·莫里斯与她的合著者弗朗西丝·弗赖说，最优秀的团队包括"高标准、真实性和同理心"[1]。无论你在加入一家公司的时候是接管一个团队还是打造一个团队，都应该尽快投入时间精力与你的下属建立信任。在你领导团队的过程中需要去了解每个人的个人工作风格，以及他们对工作沟通和风格的个人偏好。没有"一刀切"的管理方法，针对不同的个体，你需要不断地调整管理方式。

你的团队也将逐渐了解你和你的工作风格，并且你们将一起学习如何作为一个团队来开展工作。在你的管理中，将你的团队成员视为具有自己风格的个体，这意味着你的风格需要在一定程度上适应每个下属。外向的人喜欢的互动方式跟内向的人有所不同，等等。多元化和包容性的团队需要考虑到每个人都有不同的需求和风格。

通过支持圈获得支持

风险投资家卡列夫·卡尔纳（Kalev Kaarna）任职于位于爱沙尼亚塔林市的超级天使（Superangel）投资公司。他说对于他投资组合中的初创公司，他甚至为这些公司的领导者付费提供六个月的领导力和个人成长指导，以便他们能够创建更健康的公司。他说，除此之外，他还支持为职能领域的高管创建"智囊团"小组。"你不需要许可就可以这样做。"他说，"创业社区中的任何人都可以创建一个由五六个人组成的小组，组员定期见面并互相支持。"

教练或"支持圈"是一个向中立方发泄情绪的好地方，这样你就不会把焦虑转移到你的下属身上。管理（和控制）你强烈的负面情绪，并避免把它们投射到他人身上，是你作为团队领导者的第一要务。在我看来，仅此一项行动就是你在科技领域可以做的最有影响力的事情，它可以让人们的生活变得更好。

确保你的团队有足够的资源取得成功

拥有足够的资源可以改善团队成员的生活。防止团队成员产生倦怠，不仅仅是给他们提供建议，告诉他们如何设定界限并在个人层面上练习照顾自己。在资金紧张的初创公司中为你的团队增加更多责任是很诱人的，但你需要抵制不切实际的期望。通常，高绩效的人会以牺牲自我为代价来达到不切实际的期望。即使你不关心某人的幸福，但这个人很有可能会离职，这意味着你将失去宝贵的资源。

为了推动业务的可持续增长，初创公司必须引入更多资源，包括全职员工、代理人和顾问，这些人会在你的团队已经超负荷的任何领域以及新的增长领域就职。

要求团队成员为自己的职业发展承担拓展自我能力的项目，同时帮助他们降低其他领域的优先级，这是一回事；要求你的内容主管现在建立一个全新的用户社区并每天监控几个小时，同时还要对应用程序进行质量保证测试，这完全是另一回事。随着你在职位上的成长，你要预测在哪些方面需要更多资源并及早（在问题变棘手之前）进行投资，这样就能为你和你的团队省去很多麻烦。

让你的团队了解你，以你觉得舒服的程度为限

作为科技领域中一名公开少数群体身份的女性，我惊讶地发现，在我的团队中有一些成员和其他团队的成员向我透露他们也属于少数群体或他们的家人属于少数群体。我认为是我公开身份这一举动让他们感到安心，知道自己并不孤单，看到自己被代表。公开自己可以让团队中的其他人感觉更安全。

我认识许多身为父母的在职高管，他们对团队坦诚自己的挣扎（和喜悦），他们说这对于在团队中创造真实性文化至关重要。

作为团队的领导者，你必须决定什么对你而言有意义。并非每个人都能自如地公开自己的部分身份，也并非每个人都有同样的特权，这尤其取决于人们工作的地点以及初创公司的类型。不要觉得你必须过度分享自己的信息或让自己感到不适。揭示和公开自己的部分身份是应有的观念，这将有助于人们把你视为一个独立的个体，反过来这样做又可以给予他人更多的许可和自由，让他们成为独立的个体。这种真实性大大有助于建立信任和创造一个安全的环境，以解决初创公司面临的棘手问题。

授权你的团队去交付成果，把你在"卓越领域"中的任务分配出去

高管教练兼风险投资家休·埃尔布龙纳说，她所指导的领导者通常是根据他们作为个人贡献者所展现的技能而获得晋升的。

埃尔布龙纳说："在早期阶段，很难放弃你在'卓越领域'中执行那些个人贡献者的任务。"她引用了盖伊·亨德里克斯（Gay Hendricks）

的"卓越领域"（zone of excellence）与"天才领域"（zone of genius）的概念，前者是指我们擅长的领域，后者是指我们拥有与生俱来的能力的领域。

埃尔布龙纳和亨德里克斯所描述的"卓越领域"是指你真正擅长的事情，但它们实际上不会让你在高管的职位上取得最大的成功。

"因为这些事情处于你的舒适区内，而且你在整个职业生涯中都因为做这些事情而受到称赞，所以很难放手，这不是关于授权的问题，而是关于习惯的问题，你已经习惯了自己做这些事。"埃尔布龙纳说。

建立心理安全感：创造一个以谨慎而非责备的态度对待错误的环境

初创公司需要学习。你正在测试所做的假设并从市场中获取数据。有时候，这些测试不起作用。相比创造一个由于害怕受到惩罚而隐藏错误的环境，如果我们能创造一个学习和成长的环境，我们就能够更快地发展。

当我们公开从自己的错误中吸取教训时，我们会在团队成员中营造一种感觉，即他们也可以犯错，并为之做出补偿。这种灵活性创造出更加健康的团队驱动力，它并不支持永不犯错，也不依照完美主义行事。在与团队一起补救错误的过程中——出现分歧又重新达成一致——我们可以学习如何建立更健康的职场以及更健康的环境，让团队成员作为个体茁壮成长。

团队会犯错。敏捷方法（agile methodology）的核心是回顾，这是因为回顾使我们能够更快地学习、适应和成长。初创公司本身就是一种试错的隐喻，是在不确定事情会如何发展的脆弱状态下一次颠覆行业的大胆尝试。与老牌企业不同，脆弱已融入创业生活的核心。

这并不是说你不应该解决持续的错误。如果某个人或你的团队继续犯同样的错误，则需要讨论和处理。但是，无论如何，你可以严厉对待错误，同时以善意和尊重的态度对待相关人员。把这件事做好是你作为领导者能做的最好的事情之一。当你也犯错时，花时间学习如何善待自己是值得的。

考虑设立"无会议"日

当涉及工作中的健康和幸福时，每周花一天时间专注于深入工作，并从无休止的会议中休息一下，可以帮助你的团队发挥最大的作用。许多公司现在都这样做，你也为你的团队考虑一下吧。

对少数群体成员以及应对犯错的建议

我有一些在初创公司担任领导职务的朋友来自少数群体，据他们说，他们可能会面临更大的压力——他们常常被要求不能犯错误或者做任何事情要"加倍努力"——因为基于行业偏见，他们有时被认为不具备资格或不适合这个职位。

在初创公司领导层中，有色人种、少数群体和各种背景的女性所占比例如此之低，因此我们一直感受到"把事情做好"的额外压力。这种压力令人精疲力竭而且不公平，坦率地说，也是不现实的，因为所有初创公司都需要做出选择，不论成功还是失败都要获取数据，然后从中学习。

认识到问题是做出改变的第一步，因此请注意这种情况：你向自己或团队施加额外的压力，希望能表现得"完美"。你需要检验自己或团队如果放弃追求遥不可及的"完美"目标，你们是否还能继续表现出色。从同行、导师以及特别是来自少数群体的其他人那里获得反馈，这会有所帮助。当你取得成就时要获得积极的反馈，同时在你追求完美主义时也需要获得支持，因为这种追求完美主义的思维是出于冒名顶替综合征或者是担心无法一直表现完美。

创建一份个人偏好指南，就团队协作达成一致

考虑创建一份"你的工作方式"的战略文件，包括首选的沟通渠道、根据每个人的时区制作的日程安排、首选的工作方式，等等。你可以将其保存在公司知识库或与团队共享的文档中。当你清楚自己的界限和需求，并鼓励你的团队也这样做时，一起工作就会更容易。

将这些视为与你合作的"未经授权的指南"。该指南中可以包括你的运营方法、你喜欢如何进行一对一会议、经理手册以及你如何看待工作的细节，还可以包括你的聊天方式、你的工作风格、你对团队的期望以及哪些事情对你来说不适合。这些内容都可以帮助与你一起共事的人（你自己团队的成员和其他团队）快速学习如何满足你的风格并适应你的需求。多省事啊。考虑为你的团队做这类事情，这样他们就可以更快地了解你，而且你们一起工作的时候能减少一些摩擦。

第十三章　CHAPTER 13

打造高绩效团队文化

学习如何在你不在场时激励和指导你的团队取得成就。

每个团队都是由具有不同需求、能力和风格的个人组成的。随着团队的成长，团队"文化"应该随着时间的推移而改变。安妮·莫里斯和弗朗西丝·弗赖表示，"在场"和"不在场"的领导力都是管理的关键要素。这意味着，你的领导力产生的影响不局限于你积极参与工作的时刻，也不局限于你在办公现场的时刻。

你有责任建立一个充满心理安全感的工作环境，让你的团队能够实现你们的集体目标。这包括帮助你的团队成员学习如何独立运作以及如何作为一个团队运作。

"很明显，我们是不完美的人，领导着另一群不完美的人。"莫里斯说，"我们会一起建立不完美的公司。"

你和团队中的其他人都会犯错误，关键是要练习如何弥补错误，学习如何适应，以及变得比以前更强大。

打造成功文化的步骤

为了在你的团队中打造一种成功的文化，你将从建立人际关系开始，就像你与你的经理建立关系时所做的那样。你还要为了帮助你的团队实现目标而创造一种节奏。

定期与你的团队讨论绩效

每天
- 每天召开虚拟会议或异步站会①（取决于组织）。

每周
- 每周进行一对一会议。
- 在每周一次的团队会议中，团队成员不仅要更新工作进展，更重要的是分享取得的成绩、亮点、面临的挑战、如何应对即将到来的团队变化、带薪休假以及寻求帮助，此外还要围绕部门 OKR 进行检查。团队成员应该提前在 Notion 或公司知识库或共享幻灯片中填写这些内容。

两周或每月
- 至少每两周或每月进行一次有关"职业"的一对一会议，内容涉及团队成员的个人职业目标、个人话题以及他们想与你聊的任何话题。

每季度
- 与直接下属讨论下一季度的 OKR，并回顾他们在上一季度取得

---

① 异步站会（async standups）是指团队成员之间不需要实时交流的站立会议（stand-up meetings，即与会者通常站着参加的会议，时间一般不超过 15 分钟）。换句话说，团队成员可以在最适合他们的时间汇报他们当天的进展，而不需要所有团队成员同时在场。——译者注

的成绩、面临的挑战和吸取的经验教训。

与你的直接下属进行一对一会议

你的下属应该创建一对一会议的议程表，并把议程表共享到你在知识库中持续更新的文档里，或者遵循你与首席执行官进行一对一会议的类似格式。在一对一会议中，下属们应该着重汇报他们所在部门的工作进展，讨论他们在 OKR 方面取得的进步，并获得你的反馈。他们还应该在事情变得更棘手之前提出疑虑或问题。

通过优质提问来提升一对一会议的质量

优秀的领导者会向他们的直接下属提出优质的问题。提出更好的、开放式的问题，对于你和你的下属之间的一对一会议或者任何会议的成功都至关重要。

像这样的问题：
- 你认为的成功是什么样的？
- 成功道路上的障碍有哪些？
- 你有哪些方案和后续措施？
- 到目前为止，你对此有何看法？

作为部门领导，你的工作是帮助你的直接下属理清思路，了解他们和他们的部门为实现部门目标和公司目标所做的工作，并帮助他们摆脱困境。

设定目标和 OKR

就像你为你的团队和部门所做的那样，要给你的下属设置符合团队 OKR 的个人 OKR，并让他们定期汇报进展。确保你的下属了解目标的优先级和权重。例如，增加渠道收入和创造更多机会可能被视为最重要的目标，而围绕实施工具和流程的目标对他们的总体目标和奖金薪酬的影响较小。

与你的下属沟通，让他们知道你希望他们交付什么成果，让他们了解什么是成功，什么是巨大的胜利。注意：设定的目标应该是可实现的。如果你设定的目标十分不切实际或过于简单，你的团队就难以取得成功。设定的目标应该推动你的团队竭尽全力把工作做好，同时要奖励那些业绩出色的员工。如果你的初创公司对于奖金上限不做限制（这取决于你的部门和其他各个阶段），那么让你的下属有机会获得超过他们奖金 100% 的奖励，这可以极大地激励他们的工作。

抽出时间讨论职业生涯并提供反馈

为你的每个直接下属安排一对一谈话，讨论他们的目标和职业抱负。你可能会对下属关心但未曾分享的问题做出假设。这真的取决于他们。例如，我曾经问过我一名做营销工作的下属，他对自己的职业生涯有何愿景，他直截了当地告诉我，他希望目前的岗位是"他打的最后一份工"，并在完成当前任务后自己创业。如果我认为他有朝一日想成为一名首席营销官，我就永远不会知道我在用错误的方式管理他。永远不要做出假设。定期询问你的下属他们的目标是什么，并寻找方法帮助他们实现这些目标。

细小的举动形成一种充满关爱的管理风格

善意和关怀在领导力中被低估了。如果你关心你的下属，真正倾听他们的意见（不要在一对一会议期间同时处理多项任务），尽可能给予他们全部的关注，这将深刻地影响他们在你的团队中取得成功的能力。倾听他们关心什么，并询问他们希望如何成长。

如果你的下属想要学习他们角色之外的特定技能，你可以考虑给他们分配延展性任务，或帮助他们利用公司的学习和发展资源来参加进修课程。有时候，一些小举动——例如让下属知道你相信他们能够完成目标——就能让世界变得不同。不要低估相信团队成员的力量。你可以帮助你的下属开创职业旅途，让他们自己带路，同时如果他们愿意，你也可以提供一些新的想法。

你真正需要参加的会议有多少

通常，处于早期阶段的初创公司领导者会与他们的团队和跨部门的同事参加很多场会议。虽然会议是你职位的重要组成部分，但在某些时候，你需要授权并让你的下属代表你参加会议。你总是可以有策略地参加会议，或每几次会议参加一次，但你不可能整天都参加会议。如果你浏览日程安排时发现排满了各种会议（特别是没有你同事参与的跨部门会议），看看你能否不参加某些会议，只查看会议记录。这样做有很多好处，因为它真正赋予你的下属以权力，并让你腾出时间去做更具有战略意义的工作。

提醒：什么是无效会议

- 没有议程。
- 你出席了会议，但对这场会议既没有贡献也没有增加价值。
- 如果有事情需要一起审查，参会人员没有事先做好准备特别是跨部门的会议；没有人愿意等待某人疯狂尝试现场创建报告。
- 会议目标与会议实际探讨的问题不一致。比如，这是一场旨在澄清某个主题的会议，而人们正在争论另一个主题。专注于会议目标是有帮助的。
- 会议结束之后没有明确的行动项目（所有会议都需要在会后有一些议程项目，以明确下一步是什么以及由谁负责。例如，在现场营销活动结束之后，销售部门和营销部门组织了一场跨部门会议，这场会议应该明确营销部门如何跟进参会者和未参会者，以及销售部门将如何跟进他们的指定客户等）。

管理建议：不要向你的团队发送"我们能谈谈吗"这类信息

如果无缘无故收到领导突然发来的模糊信息要求"谈谈"，大多数人都会感到一阵焦虑。无论你和领导的关系多么好，这种突然的信息都令人感到害怕。想象一下，从首席执行官、合作伙伴或随机的朋友那里收到此类信息……尤其是突然收到。看到了吗？真的会让人神经紧张。人类大脑天生就能在这种突如其来的未知中发现威胁。

如果可以的话，也不要向你的领导发送模棱两可的信息，这对双方都有好处。在没有上下文的情况下，人们通常会做最坏的假设。尤其是在线上交流时，即便有一点点背景信息也能让人们放下心来。如果你不得不安排一场紧急会议，请尝试提供背景信息，这样你的下属就不会认为天要塌了。

在设定健康界限的同时保持同理心

每个经历了新冠肺炎疫情的人都面临着前所未有的压力，有些人的压力比其他人更大。你永远不知道一个人正在经历什么。如果有人业绩下滑，或任务失误，或突然不与人沟通，或者一个典型的外向者变得异常安静，可能是他们个人生活中的一些事情让他们分心，所以不要轻易下结论。

你也不需要成为你下属的治疗师，这是一种平衡，但当你感到精疲力竭和力不从心时，请理解。你可以说"我不适合帮助你解决这个问题，但我想鼓励你通过我们公司提供的资源或工作之外的资源来获得支持。"

你可以设置界限，在界限范围内提供支持。倾听是完全没问题的，作为领导者，你的部分责任也包括了解员工的个人生活（这不是一件坏事）。即使你是一名有执照的治疗师，这也不是你作为初创公司领导者的职责。让专业人士为员工提供他们需要（和应得）的建议、支持和关怀。

除了提供"治疗"外，你还可以做一些事情：

● **你需要什么样的支持？** 是否需要帮助员工了解公司有关心理健康的福利政策？他们是否需要在亟须帮助的领域获得支持？或许他们只是希望其他人能给他们一点空间。另一些人可能想要自己处理（如果你在帮助他们找到其他支持的渠道方面设定一个界限也是可以的）。

- **你是否需要按照我们的休假政策休息一段时间？** 有时员工会感到疲惫不堪，当领导提出让他们带薪休假而不是等带薪假过期，这会有所帮助。你会惊讶于"离线"休假的时间可以解决多少问题。
- **我们的团队如何能更好地支持你？** 有时候，员工可以在某个项目或活动中寻求额外的工作支持，例如，如果他们有家人生病，或正在发生的事情让他们在短时间内分心。虽然从长远来看，这个问题需要得到解决，但这就是团队合作的意义所在：在困难时期互相支持、互相帮助，并一起庆祝胜利。

将反馈纳入常规沟通和流程中

在《彻底坦率》一书中，金·斯科特分享了"破坏性同理心"的危害，即如果你过于善解人意、关注他人的感受，你就无法给予他人在茁壮成长时所需的诚实、富有同理心的反馈。除非尽早且经常给出反馈，否则人们通常会错过某些问题的反馈。在一对一会议和团队会议中抽出时间来回顾目标的进展情况，并分享需要继续努力的领域，你应该把这种做法形成习惯。此外，对你直接下属的反馈应保持一种开放态度以便改进工作。

回顾对团队而言是一种很好的工具。在定期反馈中应探索的一些问题：

- 哪些方面进展顺利？
- 哪些方面进展不顺利？
- 我们可以做哪些改变？
- 我们应该开始做什么？
- 我们应该停止做什么？

- 根据我们刚刚获得的经验，我们应该继续做什么？停下工作来进行真正的反思和学习，这样会产生不一样的结果。

谨防"跨级"陷阱

The Globe Team 公司的高管教练卡特琳·格伦瓦尔德建议谨慎对待"跨级"，即与你下属经理的团队成员互动，并确保你不会绕过经理与他的团队成员交谈。"假设你的意图是好的，但如果你不让领导者管理他自己的团队，你就是在剥夺他的权力。"格林瓦尔德说。

与你的跨级下属每两周或每月定期安排一次一对一会议，这样非常好。许多组织也都提倡这样做，以更好地了解你的直接下属。这也是一个机会，可以评估你的直接下属的工作表现以及他们下属的工作表现。如果你确实有工作需要找某个直接下属的下属，请与你的直接下属合作解决；如果你有工作需要找同级别同事的下属，前述规则也同样适用。尽管处在初创公司的环境中，大家都互相合作，但为了最高效地工作，请尊重你的组织建立的人员结构。

解决团队中的冲突

冲突可以分为不同的类别。在最高层，冲突是关于工作本身（任务等），然后是角色、行为、价值观、性格特征、身份。低层的冲突（身份）很棘手。举个例子，你可能以为你讨论的是调整空调温度的问题，但是假设你看过的一项研究表示，相对男性，女性往往更喜欢并且需要高一点的办公室温度。对你团队中的女性来说，你坚持让办公室保持较低的温度，这就成了一个身份和归属感的问题。关键是，冲突可能发生在各个层面，通过了解冲突在哪个层面来解决它。

确保你的团队（包括你）有足够的休息时间

如今，许多初创公司都提供"无限制的带薪休假"。这一举措可能各方面都算是一种福利，但也会让员工愧于请假。虽然公司开始设置"建议的最短带薪假天数"是件好事，但实际上，如果你作为领导不鼓励、不带头休假，你的团队将很难做到这一点。你希望你的团队抽出时间休息，这对他们有好处，对整个团队都有好处。

花点时间让自己真正休假并向你的团队展示这种文化

在美国这个你得永远保持在线的国家里，从来没有轻而易举与他人失联的时候，你很难做到失联但你必须这样做。从繁忙的工作中抽出时间休假，你会以更好的状态回到工作岗位上。团队领导者和成员必须对自己和团队的健康负责。这不仅对个人有好处，也对团队的产出有好处。

在《技术压力》（Tech Stress）一书中，作者埃里克·佩珀博士（Dr. Erik Peper）说，有压力的时候需要释放一些积蓄的能量，"摆脱精神压力和紧张的最好方法是锻炼身体"。[1] 如果你正在考虑开始确认健康状态的个人实践，埃米莉（Emily）和阿梅莉亚·纳戈斯基（Amelia Nagoski）合著的《倦怠：解开压力循环的秘密》（Burnout: The Secret to Unlocking the Stress Cycle）是另外一本有助于你的旅程的好书。

尽量营造灵活的工作环境

领英公司的研究表明，随着办公室的开放，对许多来自少数群体的人来说，他们的处境比远程办公时更糟糕（当然，同时还要处理许多其他的问题）。造成这种情况的原因是，许多公司没有为每个人创造一个健康或支持性的环境。尤其是有色人种女性，在不能满足她们需求的办公环境中办公会面临更多的歧视和挑战。[2]

从努力满足着装要求到需要进行"语码转换"（code switch）[①]，来自少数群体的人可能会在同质、开放的办公室工作环境中陷入困境。在职父母、照顾家庭成员的人和其他群体需要更灵活的工作时间和完成工作的方式。

办公环境对各类人来说都可能非常棘手，尤其是对那些可以从灵活的工作和工作环境中受益的人而言。人们不喜欢的不仅仅是通勤。人们不喜欢的是在办公室这类物理空间中发生一些事情，这些事情只优先考虑了一部分人的界限和需求而忽略了其他人，导致一些人不得不进行"语码转换"并被迫压抑部分自我以使其他人（主导群体）感到舒适。

除了工作压力之外，我们一直都在处理各种事情，无论这些事情涉及全球性事件还是我们的个人生活。尝试理解你员工的个人需求和日程安排，并营造一种沟通文化，让员工可以在因个人情况而需要改变会议时间时发表意见。除非迫不得已，否则员工不会这样做。如果你让员工

---

① 语码转换，原是一个语言学概念，指在同一次对话或交谈中使用两种甚至更多种语言或语言变体的现象。现在这个术语逐渐演变成一套超越多语言的行为，它指的是少数群体的成员（自觉或不自觉地）调整他们的语言、句法、语法结构、行为和外观以适应主流文化的现象。——译者注

成为自己的生活和日程安排的领导者，他们就更有可能变得更快乐、更健康，并尽最大努力工作。但是，即使这样做没有使员工整体上变得更有效率（确实如此），这也还是正确的做法。

拥抱情绪，设置健康的边界来处理情绪

情绪就是信息。强烈的情绪在创业界中可能是正常的，能否以健康的方式处理情绪是健康文化与不健康文化的区别所在。如果你隐藏自己的情绪，要知道你的团队会注意到。

"脆弱性很重要，因为我们真的很擅长识破虚伪，尤其是识破我们领导者身上的虚伪。"利兹·福塞林（Liz Fosselien）和莫莉·韦斯特·达菲（Mollie West Duffy）在她们的书《不要生气：在工作中拥抱情绪的秘密力量》(*No Hard Feelings: The Secret Power of Embracing Emotions at Work*) 中写道。[3]

福塞林和韦斯特·达菲认为，"有选择地展示脆弱"很重要。这是因为，尤其是对来自少数群体的领导者而言，分享太多个人信息会给下属带来压力，而完全不分享也会造成摩擦，因为人们会看出你在隐藏一些事情。

高管教练、投资者兼运营负责人朱莉·彭纳（Julie Penner）建议采用"红—黄—绿"检查法①。团队成员可以选择一种颜色谈论他们的工作表现，而不必透露他们的工作详情或"过度分享"超出他们舒适范围

---

① "红—黄—绿"检查法（red‑yellow‑green check‑in）是指团队中的个人用不同的颜色来表达他们今天的表现或进入会议的情况。"红色"意味着你可能感到苦恼或分心，难以集中注意力，或普遍感到焦虑、不安或不舒服；"绿色"意味着你感觉良好，你可能很专注，很兴奋，或很放松；"黄色"意味着你处于两者之间。——译者注

的细节。这样可以安全地实时共享个人表现的背景信息，从而使队友可以考虑到会影响某人表现的其他因素。

定义成功和真正的主动权

马特·哈拉达曾经给我画了一幅图（图13-1），并由此衍生出了图13-2~图13-5及相关内容。

图 13-1 需要完成的事情

这个圆圈代表所有职责和需要完成的工作。作为首席执行官，你要承担这一切。公司范围内的任何事情都需要你最终负责。当你开始打造你的团队时，你需要建立一个组织来负责圆圈中的部分工作，而且在理想情况下，他们应当比你自己做得更好。

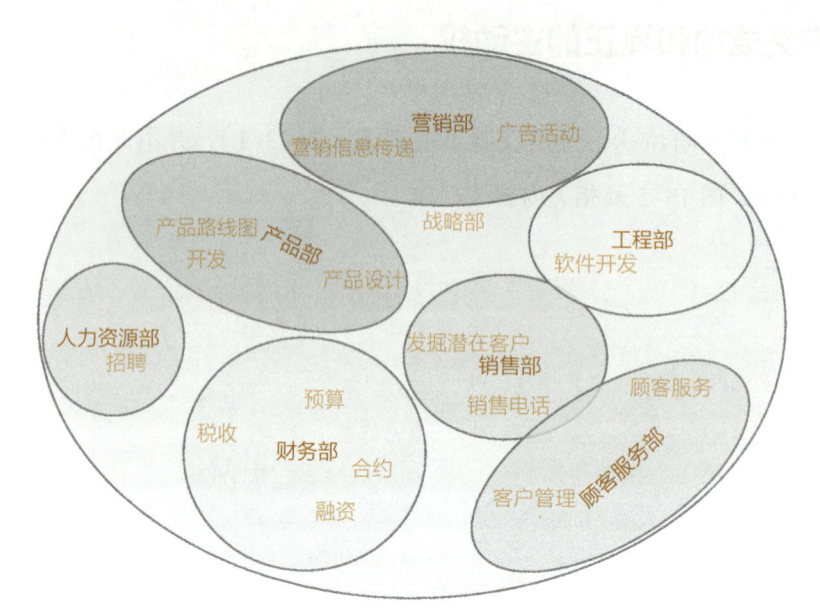

图 13-2 部门之间的大量工作

作为首席执行官,你组建了一个团队,每个主要业务领域都有专人负责。你发现自己拥有一支规模适中的团队,但仍有大量战术性的执行工作要做。当你审视自己的时间都花在哪些方面时,很明显,从图中可以看到团队各部门之间有一些空隙,其中的任务大部分都落在了你身上。

作为一名富有执行力的前个人贡献者,你并没有要求我的团队像你一样具备相同标准的主动性。结果是你忽略了更高层次的责任,由于你需要去处理新的危机,这些责任更容易被搁置。

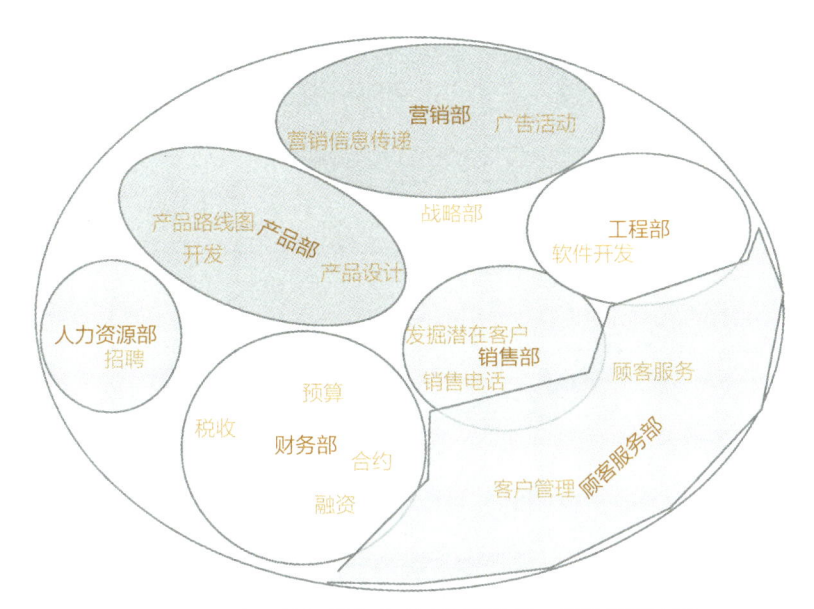

图 13-3　真正的领导者会明确职责边界，填补职责空白

举个例子，财务部已经签署了一份客户合同模板，而销售部准备将其发送给潜在客户，但是当潜在客户想要更改业务条款时，两个部门都不清楚应该由谁来处理，所以你总是参与其中——即使合同额交易不大。

某些部门拥有真正强大的领导者，这种情况下各个部门间非但不会存在职责空白，反而会有职责重叠。不会出现"这是我的责任吗"这类的问题。领导者会与任何需要参与的其他部门的领导者进行合作，直到问题得到解决。

第三部分
打造和管理你的团队与部门

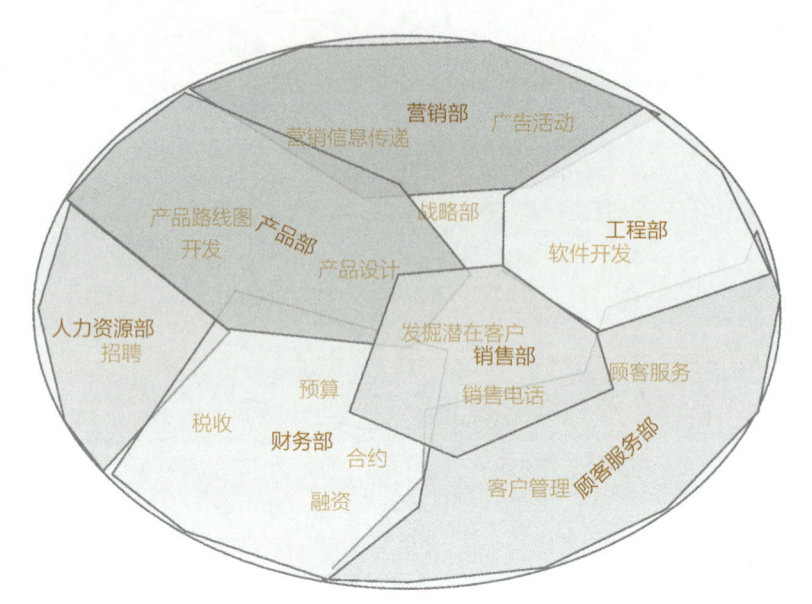

图 13-4　得到充分授权的团队拥有大局观

　　一旦你明白了这一点，解决这个问题就不难了。这需要结合授权（例如，销售部需要负责把合同准备好）、信任（哦，不，如果销售部给客户想要的任何东西怎么办）和一些协议（超过 x 美元的交易需要财务部的签字）来保证安全措施，并确保你在适当的时候参与其中。

　　最大的障碍是你自己的控制倾向。你必须给团队一个机会并允许他们犯错。让他们走出舒适区，最终对每个人都会更好。

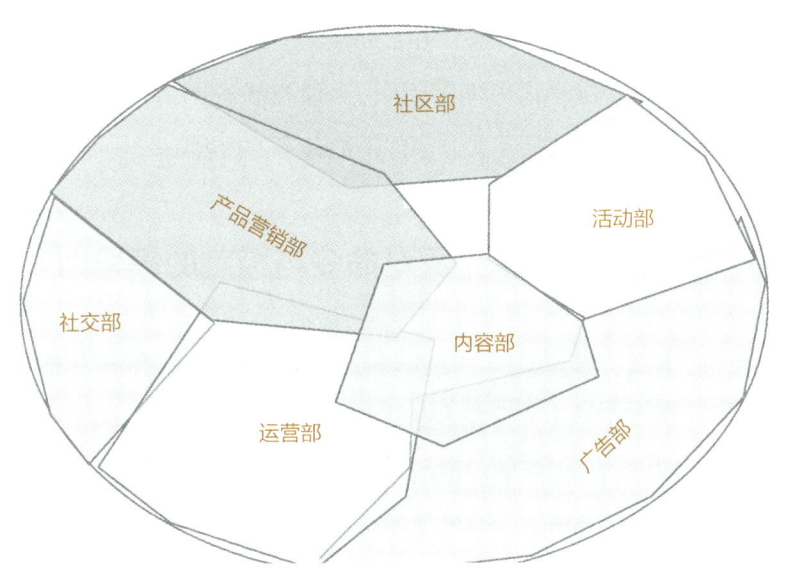

图 13-5　向上和向下都适用

对高管来说，请这样考虑你自己的组织。在小公司，你可能没有足够的预算完全分配到所有领域，但要确保你的时间花在有意义的领域，而不是成为默认的执行者。还要考虑你和你的部门如何融入雇主的职责范围。你是否留下了缺口，或者你能否建设性地与其他部门合作，在不升级问题的情况下解决部门之间的问题。

"作为领导者，当每个员工都负责一小部分职责时，你可以看到职责之间的空白地带。"哈拉达说，"你要把原来的模式转变为饼状所有权模式，团队中的每个人都在负责自己的部分，并且每部分之间没有任何职责空白。作为领导者，这将使你能够扩大团队规模。"

让你的下属像雇主一样思考

在你的初创公司的文化中，尽你所能地分享信息，这有助于调整员工的表现，使其达到最佳状态，并帮助他们理解决策。在你的一对一会议和团队会议上，分享你从所有跨部门会议和董事会层面的认识中所获得的背景信息（同时注意不要分享你不能分享的内容）。

退伍军官的案例分享：反对命令与控制的领导力

戴夫·卡斯（Dave Cass）是 Techstars 公司的合作伙伴开发部主管，兼任科罗拉多大学博尔德分校利兹商学院的讲师，也是 Uvize 公司（一家支持退伍军人的公司）的前创始人。他在海军服役期间就开始了他的领导之旅。在那种环境下，领导力实际上意味着生与死的区别。一个错误的举动可能会让人丧命。这比大多数初创公司领导者面临的压力要大得多，但这段经历为卡斯成为终身学生、导师和领导力专家的旅程奠定了基础。

卡斯在军队中担任军官的经历让他认识到领导能力与头衔无关。头衔可以定义权威，但它与尊重几乎毫无关系。

卡斯说"命令与控制"的领导风格——告诉你的下属要做什么并向他们下达命令——甚至不是军队中的最佳实践，这与一些人的看法相反。

"在军队中，发号施令是最低级的领导形式。要想当好领导，你需要赢得人们的尊重。"卡斯说，"当你表现出尊重时，无论你的级别高低，其他人都会尊重你。"

卡斯表示，当他提拔自己团队的领导者时，他会首先考虑受同级和下级尊重的军官。

"要知道，同级之间的尊重是真正赢来的，而且是真诚的。"卡斯说。

支持你的团队

我们都曾为一类领导者工作过，当事情进展不顺利时，他们会马上让我们来背黑锅；而在事情成功时，他们会把我们的工作完全归功于他们。卡斯说他指导他的学生和科技之星的团队不要这样做。

"我看到很多人都有自我掩饰的本能，"卡斯说，"你能想象一位首席执行官说'这不是我的问题吗？'领导者要勇于承担责任，不要因为周围发生的事情而责怪他人。"

让你的团队成员敢于犯错，并在错误中吸取教训

犯错并从中吸取教训的心理安全感对于健康的团队环境至关重要。当你犯错时，让你的团队成员知道，还要让他们知道你打算如何从中学习而不是重蹈覆辙。如果你掩盖自己的错误，你的团队就会认为这是你的做事的方式，即使你告诉他们不要这样做。卡斯说，他的学生经常这样做，他必须帮助他们认识到"打翻牛奶"不是问题，这是一种掩盖事实的企图。

"'你打翻了那杯牛奶'，这句话的潜台词是承担责任并把牛奶清理干净。如果你在我的团队中撒谎，我只会感到生气。"卡斯说。

教你的团队成员解决问题，让他们用与你不同的方式做事

敏捷教练特蕾泽·波克尼克（Therese Pocrnick）教导她的领导者学员要帮助人们接受解决问题。她说，这对于可能不那么光鲜亮丽的"平

凡"工作特别有帮助。

"解决问题是很多人都无法做到的事情，如果你再加上强调终身学习，为他们创造心理安全感，让他们能接受失败并从中学习，以及尝试各种事情来进行实验，我认为这些事情会让人们保持参与感，直到下一个令人兴奋的事情出现。"波克尼克说。

波克尼克建议领导者传达意图，并将如何开展工作的决策权下放。

"我不能强迫别人的行事方式。他们不按照我的方式行事并不意味着我们没办法得出正确的结论。"波克尼克说。

如果你想成为一名经理，就要决定关心人的问题

在波克尼克职业生涯的某个时刻，她不得不决定她是想成为个人贡献者还是人力资源部经理。

"我当时正在决定是要成为一名首席工程师还是一名建筑师。作为一名软件工程师，我做出了选择：我喜欢解决人们的各种问题。"波克尼克说。

对于团队中不确定如何领导下属的新手经理，波克尼克的建议是"以人为本"。

"如果坚持以人为本，你就很有可能在正确的方向上。"波克尼克说。

学习如何成为一个更具包容性的领导者

许多冉冉升起的领导者非常注重给人留下好印象或交付出色的业绩，因此，打造一个包容性团队的想法可能会让人觉得是事后才想到

的，尤其是当你是特权群体的一员时。无论你有什么特权，我们都有偏见，打造一个更具包容性和多元化的团队需要付出努力。

根据多元化和包容性专家珍妮弗·布朗的说法，"当你拥有权力的时候，你有责任提前考虑到他人的接受程度，无论你自己的身份如何"。[4] 布朗建议，要成为具有包容性的领导者，我们都必须采取行动，使我们的团队更安全、更包容差异。

享受团队乐趣

将乐趣融入团队的成功计划中。从破冰活动到虚拟团建日，你可以有意识地营造一种环境，让你的团队成员互相了解、一起玩乐，帮助他们变得更有凝聚力。

不必为了将团队凝聚在一起而精心设计乐趣，你可以尝试这样的事情：
- 小组即兴课程。
- 虚拟破冰活动，了解彼此的有趣事实。
- 一起玩游戏（在现实生活中或线上）。
- 艺术活动。
- 创建有趣的聊天频道，人们可以在其中畅谈他们喜欢的音乐、看过的电影或最喜欢的食谱。

练习修复并将其融入你的团队节奏

关系的破裂和修补对于安全的关系很重要。想一想你或其他人曾经在人际关系中犯错然后进行弥补的事情，希望在这之后，你们的关系更加牢固。这个过程对安全的团队而言也是一样的。在你的团队中，要厘清出现问题时你将如何回顾、修正和改进。你不需要完美，但你需要确保，当出现问题时，每个人的意见都能被倾听，并且你能够从错误中成长。

波克尼克告诉人们、她的团队和她指导的领导者："有时你不得不说，'对不起，我今天或者在那一刻没有表现出最好的自己'，然后专注于一个问题——我们从中学到了什么？"

进行回顾以确保团队分享他们的意见并变得更明智

如果你的团队中有人犯了错（包括你），例如产品发布不顺利、产品功能失败、跨部门会议中的争论过于激烈。对于一个进行回顾分析、融合其中的深刻见解来提升组织表现的团队而言，这些事情都是可以接受的。

进行"事后行动"或回顾分析，可以帮助团队查明已发生的事情，让每个人都参与进来，根据他们的经验发表意见，然后一起努力确定未来如何改进。如果是你导致事情出错，你应该承认这一点。但这里的重点不在于个人责任，而是整个组织应该一起承担责任。

回顾过程（开始-停止-继续）

时间：1~2 小时（团队）

让团队成员——最好是直接负责计划、发布或项目的人——主持会议并在共享文档或知识库中做记录，让团队所有人都可以添加自己的意见。除了让人们能在异步添加记录外，你应该"实时"召开此会议从而让团队恢复活力并一起讨论议题。

以下是一个回顾议程的范例。要求所有团队成员都给出反馈。

- 哪些方面进展顺利？（继续）
- 哪些方面进展不顺？（停止）
- 下一次我们想做什么不同的事情？（开始）
- 是否有未解决的议题、要求或感受，需要我们整个团队来解决？（我添加此内容是为了确保每个人的意见都能被听到，并在关系破裂后重新建立团队的心理安全感。这可能需要召开另一次会议）

最近在对团队中许多人敏感的话题进行回顾后，几位团队成员与我分享了他们对这个过程的感激之情。在讨论了他们的想法后，他们似乎更轻松、更快乐。进行回顾似乎令人害怕，但不这样做会让你在组织中未解决的问题不断积聚。让你的团队充分吸取教训，并给他们改正和成长的机会，你将为打造一个高绩效的团队奠定基础。

第四部分

自我管理及高管间的沟通管理

第十四章　CHAPTER 14

提升自己，与初创公司共同成长

> 随着你所在初创公司的发展，你需要扩大你的影响力。不要让过去的你阻碍未来的你。

不断提升技能将使你能够扩大影响力，增加你为初创公司提供的价值。虽然总会有更多的东西需要学习，但随着时间的推移，接受你成长的过程会让你受益匪浅，并让你在初创公司取得更好的成果。

列出你想做的事情

无论你是首次担任初创公司高管还是已经任职多年，总有一些事情是需要你学习和从事的。无论你做了多少准备，快速发展的企业都需要不断的成长和学习。通过提高关键领域的技能，你将为公司贡献更多价值，并成为更高效的领导者。

评估你当前的领导风格和技能。客户成功高管兼领导力教练尼尔斯·温耶（Nils Vinje）建议他的学员和客户在开始担任新角色或开始新的成长课程时进行基线评估。

通过评估你目前在以下领域的技能来确定成长领域：

- **你所在职能领域的战术技能**。营销、销售、产品和其他部门的副总裁会将大量执行工作外包出去，但我们仍然需要在战术层面上了解我们的项目。如果你是一位销售副总裁，你可能不会（或继续）担任Salesforce系统的管理员，但了解销售运营如何以及为什么以某种方式配置服务器（instance）[①]，可以让你在战略层面成为更强大的领导者。如果你不了解你岗位中某个关键领域的执行工作，比如制定预算，你可以聘请一位教练来培训你，或者说服首席执行官或首席财务官找时间与你交流。有时，与高管教练一起合作是非常有帮助的，这位教练是你的职能领域内的专家，拥有比你多几年的职业生涯经历。比如你是营销副总裁，那么就请一位担任过首席营销官的教练。例如，当我在初创公司从"负责人"转变为"营销副总裁"时，我的高管教练帮助我完成了一些高管级别的营销活动，因为他拥有深厚的职能领域知识，而一般的高管教练或者具有财务或销售背景的教练可能没有这样的知识。

- **执行业务技能**。了解如何构建更有效的数据可视化，如何使用电子表格来处理数据，如何制作一份有效的幻灯片，如何出色地组织一个项目（即使这不是你的职责），如何有效地写作和说话，这些都是你可以学习的技能。

- **市场知识**。即使你要加入的是一个你已经深耕多年的领域，也总有更多东西需要学习。收听行业播客，阅读文章和白皮书。你越保持领先，对你就越好。你可能会注意到公司并购（Merge and Acquisition）或

[①] Salesforce instance 是指托管你们公司的 Salesforce Org 的数据中心或服务器。例如 ap1，eu29，na21，cs15 等。一个 instance 可以同时托管许多 Salesforce Org。

价格趋势，你可以分享这些信息，以融入你的战略中或者帮助确定产品路线图。

- **客户知识**。这是我最喜欢的领域之一，因为它非常强大。客户非常了解你需要解决的问题，而且他们也知道与他们沟通的有效语言（因为他们正使用这种语言）。除了会见客户（线上或现实中），使用销售录音工具听客户与客户成功团队或销售团队之间的通话录音也很有帮助。无论你处在哪个职能领域，你与客户相处的时间以及了解客户的时间越多越好。

- **管理技能**。加强学习管理方面的知识，例如如何领导你的团队、有效地举行一对一会议、应对棘手的人员挑战以及如何为你的团队招募和留住人才并让他们能够发挥作用。《哈佛商业评论》和其他管理书，如朱莉·卓（Julie Zhuo）的《硬核晋升》（The Making of a Manager）和安德鲁·格罗夫（Andrew Grove）的《高产出管理》（High Output Management）有助于了解团队管理的复杂细节。

- **沟通和演讲技能**。有效的沟通技能会影响你的信心、客户关系、跨部门间的协作以及你与高管团队的关系。投入时间和精力请一位教练或加入像头马国际演讲会（Toastmasters）[1]这样的团体，提升你在公开演讲、书面交流和幻灯片演示等方面的能力。与编辑或教练合作来提高你的书面交流能力，这种机会是非常宝贵的。

- **自我领导的技能**。这是一个很大的领域，从处理你自己的心理问题，到应对冒名顶替综合征；从组织你的日程安排或在工作中照顾你的情绪和心理健康，到学习如何领导自己并建立有效和支持性的习惯和界

---

[1] 头马国际演讲会是一个非营利的教育组织，致力于提高会员的演讲技巧、沟通技巧以及领导力。它成立于1924年，总部位于美国加利福尼亚州。——译者注

限，这些都是艰巨但有回报的工作。聘请一位治疗师，与你信任的精神领袖合作，或者找一位专门研究个人成长课题的高管教练，这可能是一次非常有用的投资，它将给你的整个组织（和生活）带来回报。

如何从与高管教练的合作中获得最大收益

与高管教练合作是在你的职业生涯中不断成长的有力方式。这里有一些技巧，可以帮助你在与高管教练合作中获益：

● **寻找个人联系**。我们都有多重身份，我们与教练的性格匹配度和他们可以提供的任何技能一样重要。就像选择治疗师一样，找一个你觉得能对他敞开心扉的教练，而且他能倾听你的意见，愿意帮助你实现你的目标，而不是把议程强加给你。

● **根据成果和可衡量的成长来调整教练的辅导工作**。如果你在教练面前不知所措，你可能会浪费时间在原地踏步。虽然成长通常是非线性的，但教练应该对你希望在你们的关系中实现的目标持开放态度。如果你希望从"负责人"晋升为"副总裁"或"首席管理层人员"，请向你的教练说明这一点。或者，如果你想在财务模型方面做得更好，或者想学习一种你的教练可以帮助你提升的战略技能，那就把这个目标说出来，找一位愿意与你交流并在此过程中不断给你反馈的教练。

● **对你的教练展示诚实和脆弱**。如果你只想向你的教练展示你工作中的闪光部分，你将错失获得巨大帮助和支持的机会。明确哪些领域进展不顺或失败是改进的唯一方法。

● **利用你的教练获得不同寻常的反馈**。你的高管教练可以成为你整个组织的巨大财富。通常，教练会提供"360度评价"，并与你的团队或首席执行官或雇主会面，从而获得他人反馈并提供反馈来帮助你提升。如果你对此感到舒适，那么它就是你成长过程中的强大工具。

教练之外：治疗是一个很好的选择

教练的辅导只是你在自我成长旅程中的一种工具。除了你自己在工作中的学习和发展之外，现在就是利用公司可能提供的心理健康机会或自行寻求资源的最佳时机。加利福尼亚州旧金山湾区的心理学家凯特·吉迪内利（Kate Ghidinelli）博士表示："一些不适应的模式会阻碍我们实现目标或让我们陷入困境，当涉及改变这些模式时，与给够给予你帮助的专业人士合作是一笔巨大的财富。"

你的成长取决于你自己

你的首席执行官、教练、客户、团队、同事和这本书都可以在你的旅程中为你提供帮助，但最终要由你来掌控自己的成长。如果有什么是你不知道的，你可以学习。你不需要从第一天起就知道一切。通过从错误中学习、从尝试中学习、从有经验的人身上学习，你就能够提升自己，扩大你的影响力。

第十五章　CHAPTER 15

在后疫情时代担任领导者

> 作为一名高管，你如何在后疫情时代成功领导一个组织？这并不容易，但有一些行之有效的策略可以帮助你在新形势下保持理智，并赋予你的团队和你自己权力。

受新冠肺炎疫情影响，远程办公呈现出加速发展态势。初创公司的领导者又多了一个复杂的问题需要考虑：在快速变化的工作环境中应对全球危机。

许多公司倒闭，而另一些则蓬勃发展，尤其是云公司，因为越来越多的企业转向远程办公，人们则花费更多时间居家办公。在本书出版时，所有公司都在协调疫情对其员工的影响，以及疫情如何影响公司的系统和工作方式。作为初创公司的领导者，你需要以高标准、真实性和同理心来领导，而且大部分时间你与团队中的许多人（或任何人）不在同一地点办公。无论从哪个角度来看，这都是一件很难做到的事情。

在疫情期间，我开始担任新的高管职务，在我任职的前18个月里，我只见过三个人（都是以前的同事）。远程建立关系已成为我们都需要掌握的技能。要真正发挥领导作用，无论你的办公室设置如何，你都需要采用新的工作方式来满足全球劳动力不断变化的现实。

非营利组织 Lean In Organization[①] 与麦肯锡公司（McKinsey and Company）合作发布的《2020 年职场女性报告》[1]（*The Women in the Workplace 2020*）显示，"女性——尤其是在职母亲、高层女性和黑人女性——面临的挑战截然不同。由于疫情，1/4 的女性正在考虑放慢职业发展步伐或离开工作岗位。"[2] 未来论坛（Future Forum）的一项研究表明，有色人种女性在办公环境中面临更多的歧视和挑战："以办公室为中心的工作让许多黑人工作者深感不适，她们在工作中受到轻微冒犯和歧视。"[3]

形势变化影响许多人的人生规划

我最近和一个朋友聊天，她喜欢在考虑跳槽时给我打电话。她已经四年没有换工作了，目前她在一家她喜欢的公司工作，薪水丰厚，还有她喜欢的团队。

"在疫情期间，我在工作与生活之间保持了很好的平衡，我喜欢这份工作。"她说，"但我不知道公司是否会像我希望的那样很快给我涨薪。另一家公司给了我更高的薪水，不过我还不了解他们的公司文化，而且我对他们的产品也没那么感兴趣。"

在过去，根据以前的谈话，我可能会想这位朋友是否会因为薪水而

[①] 雪莉·桑德伯格（Sheryl Sandberg）所著的《向前一步》（*Lean In*）旨在鼓励女性为自己的梦想迈出勇敢一步。在该书影响力的推动下，桑德伯格建立了以女性赋权为目标的全球性非营利组织 Lean In Organization，旨在普及并改变全球的性别歧视现状，帮助女性摆脱被动和弱势的窘境。——译者注

跳槽，但当我们深入了解她的价值观和需求时，作为一个单亲母亲，她承认从事一份她喜欢的稳定工作能够帮助她实现人生的其他目标，尤其是在全球新冠肺炎疫情期间，对她来说稳定的工作比加薪更有价值。她告诉我对她来说很重要的事情，她担心的事情，以及她如何享受目前的工作，我把对这些内容的思考反馈给她。过去，我们很多人都感受到不断晋升的压力，而现在我开始看到越来越多晋升到高位的人决定必须按照自己的方式取得人生成就。

我猜想其他人的情况可能与此类似。当然，对我来说，享受生活和工作相结合（而不是把这两者分开，相互排斥）是最重要的。我的朋友发现她实际上很喜欢现在的工作以及工作能带给她的东西，这使她重新投入她目前的领导者岗位。

我想提醒你，如果薪酬对于你很重要，那么跳槽去你能拿到最高薪酬的岗位是绝对没问题的（你可以提高你的薪酬并拥有你喜欢的工作）。但相比以往任何时候，现在很多领导者都更喜欢这样的工作和初创公司——尊重我们工作之外的生活并让我们能够领导高绩效的健康团队。这种工作比那些薪酬更高但不能提供高质量生活福利的工作更有价值。

远程办公所需的沟通和工作进度跟踪工具

与你的团队一起规划你对沟通以及异步或实时完成工作的期望。异步工具可能包括像 Notion 或 Confluence 这样的知识库；像 Wrike、Asana 和 Jira 这样的项目管理工具；像 Hubspot 和 Salesforce 这样的客户关系管理工具；像 Slack 和 Teams 这样的聊天工具；像 Slack 这种同步工具；以及可以同步使用的 Teams、Zoom、hangouts 和其他工具。

根据团队的日程安排和时区开展工作

随着公司在地理位置上变得分散，请确定你团队所在的时区并以此为根据开展工作，还要制定明确的目标。你是否希望团队的每个人都使用太平洋时间或东部时间，或者不同的团队会有重叠的工作时间？要明确工作时间，并鼓励团队成员把无法工作的时间在日程表上标注出来。

在你的工作节奏中创造可预测性

工作节奏为你的团队创造可靠性和可预测性，并帮助人们适应规律性的变化。每周在同一时间安排定期的团队会议。尽量不要更改与你的下属进行一对一会议的时间，除非他们提出或者你不得不做出更改。

利用 OKR 保持团队的一致性

建立明确的反馈机制以了解工作的进展情况，并经常查看 OKR 来促进团队保持一致性。在每周的团队会议和一对一会议中，要一直强调工作成果以及你如何跟踪它们。当你不能看到办公室里的每个人或进行微观管理时（这可能是一件好事），让每个人都关注结果和期望是唯一的领导方式。

花点时间了解员工过得如何

即使在新冠肺炎疫情之前，在我的职业生涯中，我大部分时间都在远程工作，也有一小部分时间是现场办公。我记得在我职业生涯的早期，作为仅有的几个远程办公员工之一，我的第一次会议是在星期一中午而且没有人问我周末过得如何，我感到很奇怪。这是一件小事，但当每个人都在办公室时，你会有更多的闲聊时间，你也会在看到人们的面部表情和肢体语言时获得反馈。当你不能在办公室里看到其他人，你就很难知道事情的进展。设置一对一会议（如果你采用这种方式）来实现信息的共享互通，并充分利用 Slack 软件或其他社交渠道，因为如果你不明确这样做，信息的共享互通将永远不会发生。

乔希·阿什顿的故事：疫情期间如何领导团队

Trineo[①]公司前首席人才官乔希·阿什顿（Josh Ashton）表示，在疫情期间，他的团队能够跨越多个时区、克服不同的疫情状况走到一起，但这并不容易。

"具有讽刺意味的是，在疫情最严重的时候，我们作为同事，实际上变得更亲密了。那是因为我们更有意识地发展更深层次的关系，建立更加紧密的联系。我认为当人们一起在办公室里工作时，你会认为人际关系和文化建设是理所当然的，认为它会自然发生，但情况并非总是如此。"阿什顿说。

阿什顿认识到，他团队的优先事项在疫情期间发生了变化。"从人才招聘的角度来看，我们注意到求职者很快开始重视我们进行人才管理的方式。他们是否看到我们更重视的是工作结果和灵活性，而不是工作完成的方式、时间和地点。"阿什顿说，"此外，我们的人才管理强调了

---

① Trineo 是一家全球专业服务公司，专门从事云原生系统架构和应用开发、企业API、身份识别、集成 CRM、敏捷方法和设计思维等领域的服务。——译者注

我们对一个人整体价值的重视，而不仅仅只看到一个人作为员工的价值，因为相比以往任何时候，员工在疫情期间的个人生活和职业生活融合得更紧密。"

"在我们开始考虑让美国和澳大利亚团队重返办公室之前，我们的新西兰员工实际上已经回到办公室很长一段时间了。"阿什顿说，"所以每个人面临的挑战和现实情况都不一样。从本质上讲，我们基本上是在测试一种混合工作模式。在这种模式下，我们不断学习如何从全球视角出发，最大限度地寻求文化和体验上的对等，然后根据当地或区域情况进行定制和个性化。"阿什顿说，"这些不同的区域现实情况主要证明了我们的理论，即当你在办公室时的公司文化和人际联系比在远程时更加强大，这种假设并不总是正确的。"

记住，每个人都在为不同的事情挣扎

作为一个在职业生涯的大部分时间里都在远程工作的人，在"正常时期"进行远程工作与在全球健康和经济危机期间进行远程工作完全不同。请记住，即使有人在线上会议中面带微笑，工作之外他可能在苦苦挣扎。你不一定要谈论这个问题，但要记住，这是一个非常时期，对你团队中的每个人都会产生不同的影响。如果你的公司有心理健康咨询或其他类似的福利，鼓励每个人（包括你自己）利用这项福利，这是非常好的做法。

第十六章　CHAPTER 16

向上管理：如何与首席执行官以及董事会合作

> 你的成功取决于你有效管理团队和组织的能力，但如果不能与首席执行官和董事会进行有效合作，你就无法做到这一点。

在高管团队之间建立关系需要时间和精力。它随着时间的推移而展开，在我们这个远程优先的世界里可能更加困难。远程工作环境呈现出另一种变化。例如，我与高管团队的同事一起工作了18个月后才见面，而他们中的大多数人已经以各种形式见过面。

在前面的章节中，我们分别讨论了建立关系的开始以及如何在你的下属团队中建立关系。在本章中，我们将重点关注你与首席执行官、其他高管和董事会之间持续的健康工作关系：向上领导的"向上管理"部分！

希滕·沙阿的故事：了解首席执行官喜欢的工作方式，与他进行良好合作

根据企业家希滕·沙阿（Hiten Shah）的说法，对初创公司领导者

和他们的首席执行官来说管理是双向的。

"无论如何，你基本上是在向上管理。你不仅要管理你的直接下属，而且你还必须向上管理。你必须管理试图管理你的联合创始人和首席执行官。"沙阿说。

沙阿认为，领导者要做到这一点，就需要了解他们的首席执行官或创始人的独特需求，根据需求来开展工作，并与他们合作。

"首席执行官有一个偏好基准。"沙阿说，"你能做到这一点的唯一方法就是真正了解他们的喜好。"

例如，对待自己的下属，沙阿有一种独特的管理方法，不是常规的一对一交流。

"除非他们要求，否则我们从不进行一对一交流，或者在他们安排议程的情况下进行一对一交流。就这两个选项。"沙阿说。

"我发现，我的下属们对这两种选项都能接受：如果他们希望每周进行一次一对一交流，他们就自己决定议程；否则我们就不需要进行一对一交流，因为他们知道团队的运作模式——如果有问题就来找我，除此之外我们不需要见面。"沙阿说。

沙阿承认，并非每个经理都像他这样去实现OKR。例如，他的联合创始人就很喜欢进行一对一交流，并且是定期的一对一。

"我的模式是不可复制的，你不能用这种方式管理每个人。"沙阿说，"每个首席执行官都有不同的工作方式。"

注意：首席执行官可能不知道他们的所有偏好

沙阿说，很多时候，作为公司领导者，你的上司并不知道他的偏好。

"我非常清楚我的互动模式和偏好，因为我发现了一些按照我的方式行事的例子，效果非常好。"沙阿说。

"但我也尽量限制自己，不要让那么多人向我汇报，除非他们在管理其他人，这种方式能让这个系统运作得更好。"

如有疑问，向你的首席执行官提问是一个好方法，例如：

- **会议节奏**。你喜欢如何安排一对一会议？
- **沟通方式**。我们应该用什么样的沟通方式？通过线上语音会议或视频会议、电话、短信，还是以上所有方式？我们应该多久见一次面（取决于安全状况）？
- **围绕业务主题的结果和沟通**。你更喜欢预读文件或幻灯片之类的书面交流吗？你是喜欢在电话中深入了解细节，还是喜欢在发布之前对主要内容进行高级别审查？
- **你如何就关键信息达成共识？** 你是通过电子邮件、即时通信软件还是在会议中进行审查？
- **首席执行官想要参与哪些事情，你将如何就此进行沟通？** 当涉及预算批准、审查关键计划甚至是像网站文案这样的小事情时，首席执行官想要在多大程度上参与其中，以及什么时候他们会退出？最好弄清楚他们是否需要发布在新网站的主页横幅之前检查一下，或者他们更喜欢在发布之后看一看。作为一名高管，你可以在没有"许可"的情况下做很多战术性的事情，因为最终你要对结果负责。但首席执行官可能想要参与进来（或者你会希望他们参与），你应该澄清那些战术性事务是什么以及如何讨论它们。

通过与至少一位董事会成员直接联系来了解董事会

在初创公司担任领导者的早期，Broadly 公司的首席执行官明迪·劳克在董事会中有一位"朋友"可以指导她与董事会建立关系并确保她的演讲取得成功。

"我有一位导师在早期与我一起参加董事会会议。"劳克说，"在加入这家初创公司之前，他是我在一家大公司工作时的领导，所以我非常熟悉他如何主持会议，他为我做了很好的示范。我会在董事会会议后向他征求反馈意见。即使我没有主持会议，他也会对我汇报的部分给予反馈。我们之间的关系极大地帮助了我。"

在与董事会的沟通中始终保持简洁

Gainsight 公司首席执行官尼克·梅塔表示，许多高管没能将其组织的复杂性归纳简化，让董事会听众容易听懂。

"高管要能够理解很多复杂的东西，并能将其转化为简单易懂的东西，在沟通中的表现就是使用较少的词汇。"梅塔说，"花很长时间来解释想法，绝对是职场新人的标志特征之一。"

尼克·梅塔的建议：关注董事会最关心的指标

董事会不希望看到一连串活动、任务或计划的罗列以及与之相关的 KPI。董事会真正关心的是网站点击率、你发布了多少篇文章、有多少人参加了你的活动？不，他们关心的是预订、销售和客户成功。

为了深入了解你的项目如何影响董事会关心的内容，尼克分享了以下建议，它们有助于把你的数据转化为董事会最关心的内容：

● 你在哪些渠道进行了试验或推出了哪些项目，这些工作如何带来更多的业务增长或（节省的或增加的）收入？

● 从交易开始倒推与从线索开始推进。与其说有多少线索（leads）转化为多少机遇（opportunities），不如说，在我们上个季度的所有销售额中，我们实现了 1000 万美元的销售额，其中 45% 是我们所做的活动或相关活动的结果，25% 是这份白皮书的结果，等等。从交易或客户留存开始倒推你要做的工作。

在董事会会议期间合理安排时间

在董事会会议期间，你会被问到一些问题，并在整个过程中不断被打断。"快速简洁地回答问题，然后回到议题上，这样你就可以确保百分之百按时完成会议。"梅塔说。

梅塔说答案与长度成反比，下面是一个例子：

董事会："那么，你召开的会议的投资回报率是多少？"

弱势回复："嗯，我们还没有算出来，我们必须向财务团队核实，这取决于你如何看待投资回报率和……"

更好的回复："我需要调出确切的数据，我会在本次会议结束后把这个问题的答案反馈给你。"

了解董事会真正关心的东西

"你需要说服我，无论采取何种形式，你都会以我想要的回报率把资金返还给我。"高管教练兼作家格里·瓦伦丁说。瓦伦丁表示，不同阶段的投资者有不同的风险偏好。"随着你的成长，你吸引的投资者也会有所不同，尽量吸引风险偏好低得多的投资者。你的工作是实现他们的期望，你需要将这种期望植入到你的组织中。"瓦伦丁说。

妮科尔·沃伊诺·史密斯对董事会会议的建议与瓦伦丁的观点相呼应："没有人需要知道房子是如何建造的。不要过于详细和战术化，尤其是在董事会会议上。董事会不需要看到你长达 10 页的营销计划。"

忠告：不要向董事会过度承诺

新上任的高管可能会向董事会承诺做到一切，但这可能会导致令人头疼的问题。请记住，董事会专注于确保业务不断增长并带来投资回报。他们对大局感兴趣，如果你能证明你正在打造一项包含学习的计划，并且能将计划成果与业务增长目标联系起来，那么你就会比大多数初创公司的领导者领先很多。记住：不要太紧张！

第十七章　CHAPTER 17

出现问题：应对挑战、挫折、失败和离职

> 在创业领域，事情并不总是美好的。当你在竞争激烈的市场中创立一家快速增长的颠覆性企业时，很多事情都会出问题。以下是应对一些常见挫折和冲突的方法，以及在事情不顺利时如何对待自己和组织的建议。

即使事情进展顺利，创业生活也很艰难。市场条件发生变化、关键客户流失、竞争对手改变战略、你的应用程序出现故障，等等。作为领导者，你需要帮助你的团队应对这些变化，并带领团队在正确的方向上航行，一边前进一边改正。每一天似乎都有一个新挑战。虽然其中许多挑战对你来说是独特的，但你将面临的挑战类型是可以预测的，并且有数据驱动的方法来应对挑战（如何处理遗漏了一个数字、团队成员辞职、客户流失等）。

知道前方道路埋有地雷并不能帮助你完全避免踩雷，但你可以了解如何应对挑战，并把你的经验融入解决方法中，这样你就不会感到孤独。这一章是最难写的一章，不是因为缺乏材料（我和我的人际网中的

朋友们遇到过很多挫折），而是因为失败和挣扎在创业生态系统中普遍存在。这种普遍性融入了我们创建和发展新公司的过程中，融入得如此之深，以至于颇具讽刺意味的是，我们几乎很少察觉。我认为，如果我们想增加创业生态系统的多元化和包容性，这是需要解决的最关键的问题之一。许多初创公司的领导者内化了这样一种说法，即我周围的每个人都可以应对这种动荡和失败，所以，我怎么会挣扎呢？

这种说法是这样的："这本来就很难，但我的日子特别艰难，所以作为领导者我一定有问题，也许我不适合在创业这一领域。"

系统性问题（创业很艰难，失败时有发生，没有人可以擅长所有事情或每次都能预测到所有事情）的过度个人化会伤害每一个人，尤其是少数群体的成员。我们中的许多人已经内化了这种观点：我们需要比一般人（即大多数异性恋白人男性）更优秀、业绩表现更出色，因为许多人认为我们不会取得成功（即使这是无意识的）。这样的想法实际上加剧了种族主义、恐同症、跨性别恐惧症和其他形式的系统性偏见。

谁能在遭受挫折之后重新振作起来，获得第二次、第三次、第四次机会，这与系统性的压迫密切相关。本书采访的异性恋白人男性谈及一些让他们感到温暖和善意的事情：那是他们失败的时候，有人"重新把他们带回行业内"，为他们提供另一个机会，一个新的机会，甚至是一份更好的工作，因为他们已经证明从过去的挫折中吸取了教训。

那些曾经有过相同经历的人给予的温暖和善意，让这些白人男性不再把自己的失败个人化，因为其他人也都普遍经历过失败。极少有女性能够进入领导层，而且我们观察到即使进入领导层的人，其资历水平也有所下降。举个例子，研究表明35岁以上退出创业界的女性是男性的两倍。[1]

当我们将每个人的困难和挫折视为常态，并给每个人一个再次尝试（至少在另一家初创公司）的公平机会时，我们就会帮助整个生态系统。如果我们在初创公司工作的时间足够长，我们都会经历失败——我们所有人在某个时候都会如此；如果你是一个少数群体的成员，当你失败时，你应该继续你的道路；如果我们希望在初创公司的领导层中看到更多少数群体的成员，这种有毒的完美主义双重标准就不应该继续存在。当我们把创业失败这种痛苦但普遍的经历看作是正常的、并非个人独有的经历时，我们会认识到这是创业过程的一部分，而不是一个"问题"。

如果你想进入创业领域，你值得在这里学习和成长。这样令人温暖的信息在告诉你，如果你想创业，你就值得进入创业领域去做你想做的事情。无论你是什么身份，你都可以从失败中成长。准备好了吗？让我们一起创业吧。

遭遇困难和失败时，学会自我关怀

在创业之旅中，我们都会在某个时刻触礁。如果我们在创业领域待的时间足够长，我们所有人都会表现不佳或面临困难。

当一位来自少数群体的成员不知道某件事情，或者在初创公司里的某个方面表现不佳，他们很难向那些多数群体的同事解释"这是因为你本就不该来这里"（无论是来自外部还是内部）这句话的影响。由于我们在行业中只占一小部分，主导文化不会让我们在职位上发挥重要作用。所以当我们搞砸某件事时，就越发证实了这种偏见，而不是看到错误的本质——常见错误。

在《强烈的自我关怀：女性如何表达自我、要求权力，并茁壮成长》（Fierce Self-Compassion: How Women Can Speak Up, Claim Their Power and Thrive）一书中，作者克里斯滕·内夫（Kristen Neff）博士认为，我们必须像对待好朋友一样给予自己同样的关怀。

"除了善良我们还需要能够看到我们的缺点，承认我们的失败，并正确看待我们自己的经历。"内夫说。[2]

你可能需要在某些方面进行改进才能保住工作（如果你想），或者在下一次机会中讲述一个关于成长和学习的励志故事。你可以在那些被指责无法胜任的领域里开展工作，不要让"你无法胜任"成为"事实"——至少在你找到一个合适的新公司之前，在那里你可以找到一个安全的地方学习和犯错，你作为一个管理者的能力不会受到质疑。

在工作中遇到困难时练习自我关怀

我们是人，当我们在工作中挣扎时感受到被挑战是正常的。我们可以对这段经历充满同理心，承认这件事确实很难，同时提醒自己还有其他资源，可以通过锻炼、冥想、瑜伽、治疗、辅导以及与朋友和亲人交谈等形式获得帮助和支持。

"当我们认识到自己犯了错误时，善待自己意味着我们在理解和接受，鼓励自己下次做得更好……我们应该停下来说'这真的很难。此时此刻我该如何关爱自己？'"内夫说。[3]

人们在压力下的反应不同

面对压力，人们会产生不同的反应，这是因为人类身体是为了生存而设计的。人类大脑中有一部分是不太理性的爬行动物脑（reptilian brain）[1]，这部分会被触发"战斗——逃跑——冻结——安抚"反应。这些行为是我们进化出来帮助我们生存的应对机制。如果某人的行为出格或无礼，你可以猜测这可能是面对压力产生的反应。这并不是给任何不良行为找借口，但它可以帮助你客观看待不良行为并解决该行为，同时继续为他人留出空间。

在初创公司（以及任何地方），人们对举止有礼的规范各不相同。在初创公司，权力动态也会影响到谁可以用不健康或健康的方式来表达他们的压力。与低级别员工相比，首席执行官更有可能在几乎不承担后果的情况下，把事情全权委托给他人来释放自己的压力。我们如何处理压力反应，对于创造一个支持赋权、健康的工作环境至关重要。

应对压力的健康方式包括：跑步，做瑜伽，与治疗师或教练交谈，或者在工作中休息一下以恢复自我。不健康方式的一个例子是，你在焦虑或生气时对同事大吼大叫。如果能成功避免不健康的方式，你将比创业界的大多数人领先很多。

始终尊重他人

马特·哈拉达竭尽全力善待他人，即使在他承受压力时也是如此。他非常重视他人以及人际关系，甚至对那些没有履行职责（或者有时正履行职责但不再需要他们的服务）的人也很友善。他知道自己的极

---

[1] 三重脑理论（Triune Brain Theory）最初由美国神经科学家保罗·麦克里恩（Paul MacLean）于20世纪60年代提出。三重脑是大脑的一个极度简化模型。基于脑结构在进化上出现的时间顺序，三重脑理论将大脑划分为爬行动物脑（reptilian brain）、古哺乳动物脑（或边缘系统，limbic system）和新哺乳动物脑（或新皮层，neocortex）三部分。每部分脑通过神经纤维与其他两者相连，就像三台互联的生物电脑，各自拥有独立的智能、主体、时空感与记忆。——译者注

限，并在有压力的情况下通过做内部工作保持冷静，而不是将自己的情绪投射到周围的人身上。即使在别人不高兴的时候，他也能做到这一点。

哈拉达会带员工出去吃午饭，并与他解聘的员工保持良好的沟通。因为无论业务关系好不好，他都很重视人际关系。我鼓励你像哈拉达一样，善待那些准备离职的员工（即使你把他们解聘）。把精力放在调节自己的情绪上，这样你就不会指望别人来分担你的压力。如果你在这个领域犯了错误，请道歉并承认你的行为，然后采取措施保证不会再次犯同样的错误。

如果同事质疑你的影响力，你该怎么做

"索伦之眼"（eye of sauron）指的是可以从一个部门转移到另一个部门的严格审查，这在创业界很常见。最终，你和你的部门都会接受严格审查，而你交付成果的能力将受到质疑。这并不一定意味着你作为领导者不受尊重。在初创公司的各个团队间轮流进行审查很常见，这能让其他团队发现并解决部门中的问题。

当你第一次体验到对你所在领域的高度关注时，你会感到震惊。这种关注可以来自首席执行官或同事、跨部门的合作伙伴——举个例子，如果你在营销部，关注可能来自销售部的负责人；如果你在销售部，关注则会来自财务部的负责人，等等。备受关注会带来一系列情绪，尤其是当你没能交付出色的业绩时。对来自少数群体的人而言，如果有人指出我们在"应该"知道的领域内缺乏经验或者遗漏了一个数字，或认为我们"不如"其他高管，我们可能会感到特别痛苦。

在我的职业生涯中我曾多次犯错，与具有相似背景和经验水平的异

性恋白人男性同事相比，我犯的错误不相上下或者更小。当同事犯错时他会受到纪律处分，或者别人会以中立的方式指出他的错误（不用承担后果）。当我犯错时，别人会质疑我能否胜任这个职位。作为少数群体中的一员意味着我们的可信度不断受到质疑，即使是最轻微的错误或失误（或大失误）也能证明"毕竟我们没有资格胜任这份工作。"

令人惊讶的是，很少有人善于直接给出反馈。偶尔，某位心怀不满的同事会担忧自己能否取得成功，他们会认为这种担忧与他们的计划以及企业的成功息息相关。

以下是处理来自同事的负面反馈的一些策略，特别是当这些反馈不是直接传递给你的时候：

- **关注你的感受**。练习内夫所说的自我关怀。获得外部人士如教练或治疗师的支持。让自己感受所发生的一切事情，并与专家一起厘清当下遭遇的事情与过去经历之间的联系。去跑步，吃健康的食物，尝试瑜伽和冥想，哭一会，独自处理自己的情绪或与你信任的公司以外的人一起处理。尝试让自己脱离情绪高涨或泛滥的状态——这种时候你大脑的高级功能区不受控制——等你恢复到一个更平静的状态再继续做出决策。

- **与你的同事或首席执行官一起商讨重要问题的具体内容**。一旦你冷静下来，直接讨论绩效问题。如果有问题需要解决，谈谈你将如何解决这些问题（例如，你所在部门中有一个失败的领域可能需要扩大规模，这是你的计划）。

- **解决产生问题的相关因素**。如果信息的传达方式让你感到不受尊重，你需要建立工作上的信任，并解决沟通"方式"的问题，因为这种沟通方式让你感到难受甚至在心理上缺乏安全感。谈谈相关因素是如何影响你的，以及你的需求是什么。

- **获取额外数据，如果你需要的话**。如果你不确定自己和别人是否"看到的是同一场比赛"，不确定自己是否理解被指出来的问题，请深入挖掘数据以及大家关注的事情，这样你和团队可以一起讨论将要实施的解决方案。

- **提出要求，让你的需求得到满足**。向质疑你的能力的同事提出要求，举个例子，让他以后直接找你反馈问题，而不是找首席执行官。要求首席执行官打电话向你提供反馈，而不是周末在通信软件上给你发消息。如果你提出需求，就有很大的可能得到满足。

- **让你的同事或首席执行官成为解决方案的一部分**。根据数据和这些对话制订一份计划，处理业绩不佳的项目，按照计划提高业绩以实现我们的目标。

- **直接与这位同事交流该计划**。按照你希望的方式建立关系。

- **与首席执行官和跨部门或公司其他部门分享该计划**。确保每个人都了解你是如何解决问题的。如果合适，将成果传达给领导团队和公司，以便每个人都了解所做的改变、团队中每个人的贡献，以及这些努力对提高业绩和推动成功的影响。

- **实现目标**。最后，对你的计划提出担忧的同事或首席执行官可以帮助公司脱颖而出。

- **进行回顾**。敲定问题的具体内容后，重要的是从根本上解决产生问题的相关因素（如果可能的话，尽早）。反馈过程中哪些进展顺利，哪些需要改进？在哪些方面你需要重新建立信任或建立更好的工作关系？你们将来如何更好地合作，以防止这种挑战再次发生？

得到建设性意见或负面反馈并不意味着你在这家公司待不下去。如果一位同事在没有事先告知你的情况下去找你的上司或首席执行官，向他们提供了负面反馈，那么你可能会很痛苦。在心理学领域，这通常被称为"三角关系"（triangulation）。虽然直接反馈对团队更健康，但上述行为却很容易让人感到羞愧，尤其是当你觉得自己因为某种原因被"打小报告"，或者有人质疑你是不是你所在领域的真正领导者时。这种情况经常出现在两个容易针锋相对的部门中，例如客户成功部和销售部，或销售部和营销部。

从任何改进的机会中学习，但不要让它决定你在创业领域是否有价值、你是否属于创业领域。归根结底，这是一份工作。如果这份工作不合适，还有其他很多的工作机会。

即便失败或者搞砸了，你仍然属于创业领域

即使你很努力，尽你所能做到最好，你也可能会在领导工作中失败，尤其是你的第一份领导工作。这并不意味着你不适合成为初创公司的领导者，也不意味着你永远不具备资格。它实际上与未来没有任何关系，它只意味着你这次没有做好，没有及时解决问题，所以你不得不在这个特定情况下离开你的岗位。你可以再试一次，并从中吸取教训。你仍然值得在创业领域里工作。

当我搞砸了演讲或没有很好地执行某件事情时，我肯定会羞愧得脸颊发烫，这是我的经验之谈。"我不应该在这里"是我们很多人都会有的想法。发生这种情况时，请善待自己。这些想法可能反复出现，但这并不意味着你不属于创业领域。

当你晋升失败或面试被淘汰

我最近遇到了一位高管求职者，我的公司当时没有聘用她。她主动

联系我希望能找时间聊一聊，我表示很乐意。

在她成为我们公司的求职者之前，我不太了解她，与她也没有任何其他特殊关系，所以我很惊讶她想要和我联系。

这位女士在科技领域是一位备受推崇的领导者，在其专业领域经验丰富。她告诉我如今她在某家公司工作，而且她很喜欢这份工作。我听了之后向她表示祝贺，然后我们谈论了各自的家庭以及时事。但后来她只想知道为什么我们一年前没有聘用她。

她想知道为什么，她做了什么，以及真正的原因是什么。她向我展示了她看到的招聘决定，重复了面试结果以及人们所说的话。我不得不慢慢回忆，但这一切在她脑海中是如此鲜活，就像是前几天发生的事情一样。

一年多之后，她对于没能获得这份工作仍旧耿耿于怀，这让我很震惊。我不是这次招聘的决策者，她知道这一点。经过一番发泄，我设定了一个界限，并建议她如果有任何问题或额外的反馈应该直接去找招聘团队。

当我意识到她觉得这次招聘结果是针对她个人的时候，我的态度有所缓和。我知道这次招聘并不针对某个人，但我不能告诉她具体原因，这不在我的职责范围内。但我告诉她——这位在新工作中表现十分出色的女士——她值得被看到。她理应在一个认可她的才能和经验的组织里任职，并且这个组织对她的加入感到高兴，而且已经准备好让她发挥影响力。我说我毫不怀疑她会在新的岗位上产生非常大的影响，我很高兴看到她开启新旅程。

作为一个既没有在公司外部找到工作也没有给内部候选人提供工作的人，我知道这对任何一方来说都不容易。就像在商业和人际关系中一样，这关系到双方是否合适。如果某家初创公司觉得你不合适，这只能说明他们的需求与你不匹配，而不能说明你没有内在价值。现在去寻找合适的工作吧（如果你愿意的话）。

正确看待挫折，允许自己失败并从中学习

泰勒·麦克勒莫尔（Taylor McLemore）负责科技之星公司的劳动力发展加速器项目，他说在经历了挫折和失败后，他得到了别人的慷慨相助以及重新开始的机会。他知道这不一定是少数群体的成员会得到的东西。

麦克勒莫尔曾感觉自己一败涂地，就像是"瘫痪"了。他给投资者、支持者和其他团队成员写了一封信，说明发生的事情。"当我寄出那封信时，我正处于一个非常悲伤、黑暗的地方。我真正相信和关心的公司到了穷途末路的时刻。"麦克勒莫尔说。

他说他收到的电子邮件回复让他感到惊讶：周围的人对他表示了支持。他们为他提供了工作，并主动将他介绍给自己的人际关系网，特别是那些曾经与他有过相同经历的人们能够感同身受（并在他身上看到自己的影子）。麦克勒莫尔说："希望我们能将这种对失败的慷慨态度扩展到创业生态系统中的每个人身上。"

是时候退出了吗？只有你能决定何时离职

不在初创公司工作的原因有很多，除了你之外，没有人知道你需要什么来保证你的健康或管理其他优先事项。如果你想退出创业领域，你有权这么做。创业领域就像过山车一样，退出并没有什么坏处，也没有什么可耻的。

我恳请你：如果你真的想留下来，如果阻止你留下来的唯一原因是

在某份工作中遭遇了挫折，要知道你值得留在这里，如果你愿意，你就应该留在这里。还有其他的公司，有不同的首席执行官、创始人、客户和产品。不要让某个点或某个挫折阻止你在初创公司工作。

把失败看作是另一次学习机会

埃琳·兰德表示有两种选择：成功或者学习。

"失败，真的只是一种幻觉。"兰德说。我们都有过这样的经历，如果你留在创业领域，你也会经历失败。

请记住，除了你，没有人对以下事项拥有最终决定权：

● **你是否"天生适合成为"一名初创公司的领导者**。事实是，没有人天生就适合担任领导者，其标准随着公司的变化和科技领域的颠覆而变化。如果你想成为初创公司的领导者，即使你还没有"达到标准"，你也可以在值得提升的领域中努力。但是没有什么"天生适合"的情况，当然别人也不能为你做决定。

● **你是否足够"数据驱动"或"善于分析"**。如果你在数据驱动方面苦苦挣扎——对正在提升自己的高管而言，这是个常见问题——你可以参加线上课程（其中许多是免费的），阅读科尔·克纳夫利克（Cole Knafflic）的《商业专业数据可视化》（*Data Visualization for Business Professionals*）这本书（强烈推荐），聘请教练或顾问，并寻找其他方法来学习如何更加自如地处理数据。

● **你是否是一名优秀的管理者或领导者**。好吧，这种质疑让人感觉非常糟糕，尤其是你当着直接下属的面把事情搞砸的时候。成为一名优秀的管理者或领导者可以通过学习获得。如果你把某件事情搞砸了，你可以从中吸取教训，争取下次做得更好。

- **作为公众演讲者，你是否有足够的"威严"**。有很多人曾告诉我，我太害羞了，无法成为初创公司的领导者。如果我听了他们的话，我就永远不会体验到演讲后收到大量祝贺信息的快乐——我曾在科技之星数千人面前进行演讲。我聘请了一位公开演讲教练。通过头马国际演讲会（Toastmasters）、即兴表演俱乐部（Improv）①和教练辅导，我可以克服任何公开演讲的困难。

- **作为领导者你是否具备"可塑性"**（适应不同成熟度或规模的公司）。再次强调，要想在初创公司的高管职位上获得成功所需的执行力和战略水平，还有一些真正需要努力的地方。但不要让别人明确地告诉你，你不具备可塑性。如果有人说"你永远不会成为创业者，那不是你"，或者说"你永远不能扩大规模，将组织发展壮大"，那个时刻他说的可能是真的（也许不是），但是如果你愿意，你绝对可以朝着目标继续努力。如果你根据自己感兴趣的规模和成熟度选择留在创业界的特定领域，那也很好。但是不要让别人告诉你该怎么做。

- **你是否足够优秀，可以领导你所在的部门**。这可能是我们所有人在某些时刻都会听到的话，即使是在我们自己的脑海中，但请记住告诉那个声音，你可以不断改进提升，对于任何你不知道的事情你可以学习或聘用别人来做。

- **你是否属于创业界**。如果你想领导一家初创公司，而且你努力工作，那你就值得去那里，仅此而已，没有性别、种族、能力、年龄或其他决定是否值得等外部因素。仅仅因为你还没有在领导职位上看到与你相似的人，并不意味着你不属于创业界。

---

① 即兴表演俱乐部（Improv）是一个致力于制作喜剧的俱乐部。它于1963年在纽约市的地狱厨房附近成立了第一家俱乐部，并在20世纪70年代末扩展为一个连锁俱乐部。——译者注

一份工作可能会因为你自己或者你雇主的原因而突然结束，这并不意味着你或者你的领导职业生涯就此结束。如果你想成为初创公司的领导者并拥有真正擅长的领域，你可以为此努力，你可以再试一次；如果你觉得自己不适合从事初创公司领导者的工作，你在其他的工作岗位上感到更快乐，非常好，去追求你想要的工作吧。

其他类型的挫折

成长不够快

有时在初创公司，你会取得进步，但你成长的速度不够快。根据你所在初创公司的阶段和需求，你可能面临交付业务成果或跟上公司发展速度的压力。如果你没有按照企业需要的速度发展团队，那可能就是一个失败。

你的部门整体表现不佳

如果你是销售主管，而你的销售代表花了太长时间才上手，导致你没有完成预测的季度收益目标；或者你是产品主管，但你没能按时完成产品路线图上的关键节点；或者你是营销主管，但未能交付你承诺过的营销渠道或线索，这些客观事实可能意味着你的方法和策略有问题，或者业务模型有某些缺陷（没有任何客户成功组织可以弥补糟糕的产品）。

你团队中某个成员或团队在某个领域表现不佳

当我们聘用一个团队时，我们会尽最大努力让人们加入。如果你团队中有成员表现不佳，你有责任让他们知道。这种情况会发生。我们怀着最好的愿景聘用人员，但有时他们出于某种原因不适合。通常，作为领导者，聘用错误的人或没能帮助他们取得成功是我们的错（无论如何，我们至少需要为此承担一些责任）。

当与你相关的部门表现不佳，或者整个业务部门表现不佳时，你可能仍然表现良好，但当然还是会受到影响。

业务未按计划实现目标，你不需承担责任

有时候初创公司失败了，但这与你无关。如果你处于领导地位，你往往会比你的团队和其他员工更快地看到衰败的迹象，但也可能存在一些你并没有看到的问题。了解你公司的财务状况、融资情况以及你是否正在（或没有）实现关键增长目标。但是，最终，事情还是发生了。新冠肺炎疫情期间，许多和旅游相关的公司倒闭，不得不裁员。活动负责人被解聘，因为没有人参加活动。

业务未按计划实现目标，你需要承担责任

这是一个棘手的问题，它说明了这本书存在的原因：要成为一名成功的初创公司高管很难。如果这很容易，每个人都会去当高管了。

你未能完成某个 OKR

暂时的业绩落后可能是季节性的，也可能是你的战略出现了根本问题。这会带来压力和困难，但请记住，这种情况会发生。如果你能正确处理问题，理想情况下你可以从未能完成的目标中吸取教训，并在下一个季度加以改进。当你认为自己可能达不到目标时，要尽早且经常与首席执行官进行沟通，这样你们就可以一起调整路线。如果你总是完不成目标，你可能会被解聘。

其他可能出现的问题及处理方式

跨部门的负责人失败了

这种情况出奇地普遍：你被聘为营销副总裁或销售副总裁，而跨部门的同级别同事却能力欠佳。首席执行官和创始人通常秉持"快速解聘"

的原则，因为让表现不佳的人留在公司会承受巨大压力。如果你的同级别同事没有做好他们的本职工作，这时候认清你所在的处境就是一个挑战，然后一旦你清楚了你的处境，你需要知道如何处理这种情况。希滕·沙阿表示，这通常不在我们的影响范围之内。重要的是，在跨部门的合作伙伴失败时继续在你自己的领域做好工作。沙阿说，有时我们会变得情绪化，或者像表现不佳的同事一样陷入试图控制局面的境地，但耐心往往是最好也是唯一的应对方法。

当一个失败的高管试图把你的组织也拖垮时该怎么办

一位失败的高管可能会试图责怪周围的人以求自救。出于这个原因，当你意识到你高管同事的业绩正在下滑时，要格外小心地记录你部门的贡献并继续保持你团队的绩效。

举个例子，如果你在营销部，而一位苦苦挣扎的销售主管将矛头指向营销部门，认为是你们的原因导致销售们没能完成销售目标，那么你可以与运营团队合作导出一份 Salesforce 报告，显示渠道质量、渠道归属（即线索和机会都来自哪些渠道、来源）并证明营销部带来的这些线索被销售部接受了。

如果销售团队 30 多天没有接触线索，请导出报告以查看这是否有问题。需要为你自己或你的项目打掩护并不令人愉快，因为在理想情况下，跨部门的领导者会是一位很好的合作伙伴，你们一起组成了一个营收团队，但要明白表现不佳的人可能会在此过程中拖累你们所有人。

如果销售说"营销部没有带来任何好的销售线索"，你需要用指标来证明这一点；如果你在客户成功部，而销售说"你没有成功地帮助客户扩展他们的业务"，请获取诸如净推荐值和团队绩效等方面的数据，然后证明销售是错的。在理想情况下，创始人和首席执行官将能够利用这些指标和数据来帮助这个表现不佳的人迅速转岗到另一个业务部门，或者直接辞退他。

你的组织或业务进展顺利，但你却精疲力竭或面临另一个困难的个人挑战

倦怠令人感到不适，而在当今的商业文化中它又不可避免。市面上有很多相关的资源，你可以看看埃米莉和阿梅莉亚·纳戈斯基的书《倦怠：解开压力循环的秘密》。如果你感到精疲力竭，花时间休息和充电至关重要。当你回来时，业务问题将在那里等着你去解决。如果你在一家初创公司工作，你没法休息或充电，请考虑换一份工作。你的健康是第一位的，其他一切都源于此。

奥布里·布兰奇是一位成功的高速成长型高管，在关于应对心理健康挑战的博客文章中她表示，"我认为人们很容易自我暗示——如果你抽出一点时间分配给自己，一切都会崩溃。而事实并非如此，即使是在精英的、规模化、竞争激烈的初创公司中也并非如此。"[4]

逆境是初创领域的常态而非意外

根据迈克·泰森（Mike Tyson）的说法，"每个人都带着计划和策略进入拳击场，然后他们被一拳打在脸上"。

在某一时刻，所有的初创公司都会遭遇坎坷：首席技术官辞职；一位主要投资人被其公司解聘，而新的投资人不再大力支持你们公司；主要客户流失——这就是创业生活。

"这并不容易，"杰夫·巴斯冈说，"我从我的一位合作伙伴那里收到一张纸条，说我们的一位创始人感到十分疲惫，很难继续推进工作。创业者要考虑很多事情，对心理健康、疾病和能量消耗非常敏感，但当创业者感到疲惫时，一切都结束了，一切都完了。因此，他们真的必须振作起来，保持高能量水平，然后才能动员他们的团队。"

作为初创公司的领导者成功应对转型

在公司"向前和向着正确方向"发展的过程中，方向可能会发生重大变化，这也被称为转型（pivot）。通关方法是什么？大量的沟通。

在转型之前，希滕·沙阿的公司从投资者那里筹集了资金用于他们在正在做的事情。

"我们继续定期向投资者汇报工作进展，报告发送时间是每个月第一个星期一的上午八点。无论我们处在什么时期，我们都会发送工作进展。这只是玛丽（我的联合创始人）和我一起在做的事情，报告上面只有我的名字，但我们都在做这件事并一起完成。我们向投资者汇报工作进展，让投资者知道过去一个月发生了什么，如果我们没有进展他们就会知道。如果我们不这样做，投资者就不会支持这种转型。"沙阿说。

沙阿表示，他和他的领导团队公开向公司的每个人——从实习生到投资者——分享转型时期的进展。

借转型之机让公司更上一层楼

沙阿表示，他们以让整个公司和投资者都清楚的透明方式进行转型，因为他们知道这种方法可以让他们获得成功。

在转型期间，作为一名高管，你可能不像创始人和联合创始人那样了解所有信息。尽可能多地了解情况，与团队分享你能分享的内容，并帮助每个人都参与到新计划中。

留下并接受，尝试改变事情，还是离开？

沙阿认为，当有人向他抱怨他们的工作时，如果是与他们无法控制的事情有关，他会要求他们反思："你是否愿意在这里耐心等待，看看结果如何？或者你想离职？因为事情不在你的控制范围内。"

在初创公司中，界限和角色是模糊的，人们可以影响整个组织的变化。关键是在某种情况下要不断地问自己，你是否可以控制它，或你是否可以影响它。

在发生重大变化时，考虑与你的团队进行一场"上车或下车"的对话

高管教练兼作家格里·瓦伦丁谈到了他与初创公司领导者在公司发展或转型的关键时刻进行的"上车或下车"的对话，很明显不是每个人都会选择"上车"继续下一阶段的旅程。

"上车或下车"的对话可以重新树立公司士气，而那些下车的人可以尽可能优雅地继续前进。

瓦伦丁认为，如果可能的话，当领导者不认同公司的新愿景时，公司可以给他们一个机会，让他们很容易就能拿到离职补偿金离开公司，并"像朋友一样分道扬镳"。留下来的人将获得更好的工作环境。

"人们很容易走出去，找到另一份工作。如果人们想这样做，我们会祝你好运，我们会竭尽所能帮助你。但如果你想上车，那么你就上车，我们将尽可能清楚地告诉你，我们相信的这条道路会是什么样的。"瓦伦丁说。

在转型和困难时期，你需要进行某种形式的"上车"对话。初创公

司会发生变化，工作出色的员工和领导者既不希望也不可能立即扩大规模。要真正明确，让人们可以说"你知道吗，我还没上车"，并尽最大努力帮助他们优雅地完成转变。

如果你选择留下，要清楚你不会同意所有决定

Aquaoso 公司联合创始人兼首席执行官克里斯·皮科克表示："不要把那些在业务发展背景下做出的决定看作是针对你的。"

"如果你从事的工作被完全搁置或者公司发生变化，这不是个人问题。出现这种情况后，公司需要做些什么才能维持下去。有很多实验正在进行，有时必须做出艰难的决定。"皮科克说。

明迪·劳克的故事：利用初创公司的转型来提升领导力

明迪·劳克说："我曾在一家大公司工作了很长时间，我的一位导师离开后说服我和他一起加入一家初创公司。所以我很高兴能重新回到初创公司。"劳克说，"我加入团队是为了彻底重新构想和重新思考产品体验。所以这是一个非常重大的转变。我们改变了一切，把产品从免费转为付费订阅。这款产品多年以来一直都是免费的，当初根据创始人的设想将它生产出来，它就成了一个独特的产品。这是一次真正的转型。"

劳克负责战略，但产品最终推动了整个公司的发展。劳克发现，产品战略与公司战略"相差无几"。

接下来，劳克参加了所有的董事会会议，因为产品是重点，而且靠着这个产品，公司已经开始获得收入和市场份额。

"我最终主持了董事会会议，因为那才是重点所在。"劳克说，"在

一次董事会会议上,某个时刻我仿佛是首席执行官。联合创始人召开了董事会会议,大概讲了两分钟,然后剩下的会议都是我主持的。我们当时并没有谈论这件事,但事情开始变得不一样了。"

在转型期间,当劳克站出来带领公司朝着新的方向发展时,她被任命为首席执行官。她认为在转型期间她的适应能力和提供价值的能力对于她晋升为首席执行官至关重要。如果你的企业正在经历转型,你可能有机会获得晋升或在此过程中提供额外的价值。

避免充当中间人:确定"你们两个"的问题

在可能的情况下,让你的团队一起解决冲突,而不是充当中间人。当愿景或使命不明确时,或者需要重新调整目标时,你可以介入。但如果你不断干涉人际关系,你的团队就会总是期望你介入冲突。

如果你或团队中的某人正在谈论当时不在场的第三个人,如果可以的话,请你邀请那个不在场的人来到现场,并鼓励两人面对面交流。作为管理员工的领导者,你可以把这种做法视为惯例。希滕·沙阿推荐这样的做法:"说吧,如果你愿意,我很乐意提供帮助,但这是'你们两个'的问题。这不是'我'的问题,对吧?"在许多情况下,及时、直接的对话将是最有效的解决方案,可以让每个人避免不必要的中间人戏码。

"指责/赞誉"的循环——高潮和低谷

有一条原则是关于"指责/赞誉"的循环,意思是说我们经历的这两种状态都是暂时的,陷入其中任何一种状态都会导致痛苦。在谈及创业企业家的时候我们经常会说到高潮和低谷，但我们并不经常把这两个词用在初创公司的员工身上。我们都能感受到创业生活如同坐过山车。要知道低谷是旅程的一部分，请与你的团队一起正常看待低谷时刻。

离职：是时候离开你当前的岗位了

在《联盟》这本书中，作者里德·霍夫曼、本·卡斯诺查和克里斯·叶将工作定义为"任期"。今天，很少有工作可以永远持续下去（或至少持续到退休），总有一天，你作为初创公司领导者的角色会结束——无论这是你的选择还是公司的选择——你需要为此做好准备。

当你决定离开时，与你担任经理甚至是总监时不同，你需要用另一种方式来处理离职流程。人们对时机有不同的期望，包括如何确保领导层顺利交接。当你是个人贡献者时，你可以放心地离开，因为这是"别人的问题"，而作为高管，你通常会更多地参与到交接过程中。

决定应该何时离职

决定何时离开一个岗位是很难的。你已投入时间和精力获得了成功，很可能，你还有未兑换的期权，你可能仍然相信公司的使命。或者，也许你不相信公司的使命也不再相信公司的发展方向。

在决定是否离职前，问自己一些问题

- 你需要改变什么事情吗？如果那件事可以改变，你愿意留下来吗？
- 你是否只是需要休息一下或放个假？

- 是否有什么事情发生了根本性的变化，导致它和公司目标不再匹配？
- 你是否不再与公司使命或方向保持一致？
- 在这个阶段是否有其他岗位或机会更符合你的目标或使命？

如果根据这些答案你觉得是时候离开了，而且你已经准备好了，那么这就是你的计划。

如何从高管岗位离职

第一件事：忘掉你所知道的关于"提前两周通知"的一切。

"当你在高管岗位上承担那个级别相应的责任时，离职前只留两个星期的时间是非常不专业的。"埃琳·兰德说，"到了副总裁那个级别，我无法想象有人周一到公司说'我下周五就离职'。"

如果两周时间不够，那么作为初创公司的领导者，标准是什么？一般来说，30天是最短的时间。在某些情况下，你可以在离职过程中提出延长该期限，具体取决于你的能力和意愿。你可能会留下来完成一个关键项目，或者在公司招人接替你的时候代管一段时间，因为初创公司没有大公司那样的人才储备。每个人手头都有很多事情要做，所以你的离开可能会产生巨大影响。此外，还需要考虑其他事情，例如确保你的团队为成功做好准备，关键项目已完成过渡，以及你离开的时候公司正处于良好的发展阶段。通常，如果你要去一个新公司，他们会很乐意等你。

"我最近聘请了一位新的法律总顾问，我们等了她三个月的时间，因为在她之前的岗位上，有一些重大项目、计划和事情需要完成。他们当时正在进行收购。我们愿意等她。"兰德说。

如何发出辞职信

这将取决于你与首席执行官或你的直接上级的关系。如果你们非常亲密，你们甚至可能已经讨论过潜在的离职会是什么样的。怒气冲冲地离开或者在离开时在 Slack 的帖子里发一堆垃圾桶表情包，虽然这看上去很爽，但大多数情况下，尽可能低调地离开是最好的方法。

"在我以前的一家公司里，我和首席执行官达成协议，如果我们中的一个人认为不适合继续留在公司，我们承诺会告诉对方并为离职制订一个很好的计划。"兰德说，"当我最后真的发出辞职信时，我只需告诉他'这一天到了'。"

不过，这不是唯一的方法。你也可以与你的直接上级进行一次谈话，告诉他你打算离开，你可以留到什么时候，然后开始发起沟通、过渡、交接和其他离职流程。通常在这次谈话之后，相关工作人员会通过电子邮件发送一份概述关键事实的书面通知来跟进后续事项。

当你发出辞职信时：准备好被要求当场关闭你的笔记本电脑

当你发出辞职信时，你可能会预留 30 天或 60 天的过渡期。你已经准备好卷起袖子顺利离开，然后……在会议或电话结束后，首席执行官告诉你立刻关上笔记本电脑。你的工作结束了。这听起来可能很残酷，但你应该为这种情况做好准备。它确实发生过，所以值得一提。如果因为某种原因你不能当天马上离职，你就需要计划在什么时候告知更合适。一些初创公司害怕员工窃取知识产权，担心有人离开会影响士气，或者因为有个人恩怨等，所以希望离职的人马上"走人"。

最好的建议是参考你所在初创公司的其他高管离职时的情况。首席执行官是否在其他高管一说离职时就大发雷霆并迫使他们离开？或者，公司是否通常会与即将离任的领导者合作制订一项行动计划，允许灵活安排离职时间，而且双方都能理解过渡期将是一个渐进的、相互的过程？你也会对解聘有所了解：人们是当天被立即解聘，还是有一些时间来结束项目？通常，公司会在聘用合同中加入离职条款，因此这也是你在拿到入职通知时需要仔细阅读的一部分。

建议：尊重公司的知识产权，离职时不要带走相关文件

这是一条奇怪的建议：在决定离职后不要带走公司文件。这看起来很糟糕，即使你不打算使用这些文件，而且你打算将它们永远封存，不再查看。你的"为什么"并不重要。你肯定不想在离开时造成任何可能被认为是负面的影响或损害公司的情况。万一出现任何类型的法律问题，如果你最终在公司竞争对手那里获得一个职位（即使是在多年之后），你也不希望承担那样的责任。这不值得。尊重公司的知识产权，要知道你获得的经验教训和知识将永远伴随你。

另一条建议：从公司挖人需要谨慎

许多公司都有防范内部挖人的合同。检查你的合同，并确保遵守它。这主要适用于带走整个部门（想想从当前公司挖走整个销售团队并将他们带到新公司），但你需要检查合同条款并对此小心谨慎。在这个话题上有很多思想流派，你会发现相互矛盾的建议，但在我看来，这是一场旷日持久的博弈，公司的其他人会记住你在离开时如何对待他们的公

司。如果你带着明星员工一起离开，他们不会泰然处之，所以要知道你这么做很可能是过河拆桥。

在你离职时行使你的既得股权

当你离开一家公司时，任何未兑换的股权通常都会消失。但你尚未行使（如果你有的话）的既得股权给了你一个选择：你是否要行使你的股权？你只能在窗口期内这样做——通常是你离开后的一段非常有限的时间内——所以检查你的股权条款并咨询律师。有时，你可以通过协商来延长你的股权归属期，因此，如果你担心能否拿出足够的现金来购买你的股权，这值得与律师或税务顾问讨论，然后看看是否能与公司创始人讨论这个问题。

在两份工作之间休假

初创公司的领导工作令人精疲力竭，在两份工作的间隙进行休假（至少几周，如果你的经济条件允许的话，可以多休息一段时间）来充电、重启以及探索办公室外的生活，你会从中受益。"我从未见过有人后悔在两份工作的间隙休假。"埃琳·兰德说。

许多高管会在两份工作的间隙休假，所以如果你有经济能力并决定这样做，要知道这并不是未来的招聘委员会可能会对你进行扣分的事情（如果这是一个潜在的问题）。许多高管决定离开他们目前的岗位，并不是因为他们要"逃离"目前的工作，而是因为他们有一个令人兴奋的新机会在等着他们。在这种情况下，你可能有一份新的工作机会，并且需要平衡你当前公司的离职流程与新工作的时间安排。

制订沟通计划

当人们加入初创公司时,会产生一种同胞情谊,并且会团结一致朝着颠覆性的使命一起努力。当一位关键人物离开时,信息传递变得比以往任何时候都更加重要。说明你为什么要离开这一点很重要,否则公司的其他人会受到负面影响。

你需要与首席执行官一起决定将如何发布你要离职的消息,制订一个计划帮助你的团队和其他跨部门的合作伙伴顺利过渡。

保持积极的态度

"讲述积极的故事,其中必须包含真相。"兰德说,"有时你离开是因为你精疲力竭,有时你离开是因为你不再相信公司的使命。不要留下空白,什么也不说,因为人们会自动填补故事中的空白,而且这通常不会是一个好故事,因为每当一位领导者离开时,人们都会感到焦虑。"

"你不能一边指责一边优雅地离开。"兰德说。

如果你真的认为不能留在公司,那么谈论错误是解决不了任何问题的。毕竟,你不会改变任何事情,你已经离职了,公司不太可能因为你在离开时说的这些话而做出改变。话虽如此,如果你在离开公司时可以提供有价值的见解,表明你仍然关心公司的成功,那么请随时提供这类见解。如果你能确保大事不落空,那就太好了。不要以此为借口在你离职时说公司的坏话。毕竟,每个初创公司都有它的缺陷,你不想再经历或处理的事情很快就会成为别人的挑战。

谨防"迪尔伯特原则",无论如何都要优雅地离开

埃琳·兰德描述了她和她丈夫雷(Ray)(也是一名技术人员)所说的"迪尔伯特原则"(Dilbert Principle):当你离开一家公司时,在接下来的六个月里,所有问题都是你的错。

"这是世界上最简单的事情,只要把错误归于不在房间里的人就可以了。这不是针对个人的,我不认为人们是故意这样做的。"兰德说。

虽然离开后你无法控制这种现象,但请尽量做到优雅地离开。

第五部分

证明、维持和扩大你作为领导者的影响力

第十八章　CHAPTER 18

衡量成功：如何知道事情是否进展顺利

> 如何将你的活动与业务增长联系起来，并向高管层汇报你的表现。另外，如何在需要改进的领域获得反馈。

通过衡量和汇报 KPI 将你的部门活动和计划与业务增长联系起来，这是你作为初创公司领导者的一项重要工作。而真正的任务其实是根据数据讲故事。没有人关心你团队中的每一个数据，尤其是公司董事会。我们已经讨论过如何在董事会层面进行汇报——将你部门中最重要的指标与业务成果联系起来。在本章中，我们会重点关注你计划中的领先指标（leading indicators）和滞后指标（lagging indicators）。

谁关心领先指标和滞后指标

领先指标是下坡滑雪道上的大门，表明你正在奔赴目标并将成功完成目标。如果你错过了一个指标，你可能会错过一个更大的指标。跟踪领先指标让你能够在某些事情影响你的收入、流失率或其他增长数字之前尽早纠正路线。

滞后指标是通常会出现在 OKR 那页幻灯片上的数字。领先指标通常与滞后指标有很强的、可量化的联系，这意味着如果一个领先指标产生 $x\%$ 的增长，那么你可以预测滞后指标会产生 $y\%$ 的增长。

领先指标及其**相关滞后指标**的示例：

● **营销**。营销合格线索（Marketing-Qualified leads，MQL）数量作为领先指标，会影响产生的营销机会（marketing opportunities）和营销渠道这两个滞后指标。

● **客户成功**。产品使用情况是客户流失率或净收入留存率（Net Revenue Retention，NRR）的领先指标。

● **销售**。每个销售代表每周预订的会议数是影响每个代表每季度关闭的销售渠道的领先指标。

● **人员运营**。每周进行的初始候选人面试是每季度聘用的候选人数的领先指标。

了解让你的部门获得成功的指标

如果你是人力资源副总裁，董事会当然不会关心申请人跟踪系统生成的每个指标，首席执行官可能也不知道。他们关心的是，基于你所实施的战略，填补职位空缺的时间是否缩短了，以及候选人的质量和留存率是否有所提高。

关注显示结果的措施，而非活动

KPI 可以为你自己的团队、跨部门的同事、首席执行官和董事会提供客观的见解,让他们了解你所在领域的绩效和改进机会。不要关注成就数量(例如,我们举办了四场活动,有250人参加,等等),而是关注你通过营销渠道创造了多少收入,以及事件营销和现场营销实现了百分之几的目标。

当你关心最重要的领先指标时,你可以与其他团队分享这一级别的详细信息,帮助你讲述成功之旅:

● 营销部的负责人可以分享有助于实现关闭营销渠道(通过营销获得的收入)这一最终目标的数字。

● 销售部的负责人可以展示销售代表预订的外访会议增加了多少,把这一数字作为他们正在达成交易的领先指标。

● 客户成功部的负责人可以展示他们通过成功活动增加了产品的使用频率,从而带来更低的客户流失率和更高的净收入留存率。

了解定量测量工具

如果缺乏相关背景知识,定量测量可能会令人害怕。我接触过的许多初次承担销售和营销工作的领导者不得不参加课程、接受指导并进行深入学习,才能在使用电子表格以及围绕数据和结果讲故事时充满信心。好消息是,尤其是在上市团队中,收入运营人员和其他专业人员可以帮助你从各种系统中提取数据来跟踪你关心的 KPI。你不是在孤军奋战。你可能希望在你的团队中聘请一位专门的运营人员来帮助你获得成功。

需要熟悉的量化工具:

● **仪表板**。客户关系管理和客户数据平台工具可以提供重要 KPI 的简要说明,并随着时间的推移对其进行跟踪。

- **电子表格**。每个初创公司都在使用电子表格，至少在跟踪数据方面如此。如果你曾经想过"我希望我们可以在电子表格之外做 x"，它要么是一个你可以购买的已经存在的工具，要么是一个应该存在的工具，你可以在初创公司中构建它。令人惊讶的是，即使在撰写本书时仍然有很多手动操作，但是像 Zapier 和其他集成工具这样的工具，可以把你的一些报告自动转换成电子表格。如果你遇到困难，运营顾问或代理机构可以帮助你整理电子表格。Udemy 和 Coursera 的在线课程也是绝佳的选择，能够提高你制作电子表格的能力。

- **记分卡**。在招聘求职者的时候，创建一个按优先级排列的指标清单可以帮助你避免偏见，并跟踪你考虑招聘的个人在重要特征方面的表现。

- **数据可视化**。像 Tableau 和其他类似平台这样的工具可以用来追踪趋势。此外，可以阅读科尔·克纳夫利克的《用数据讲故事》（Storytelling with Data）一书，让可视化语言成为你报告的一部分。

董事会如何看待你的指标

投资者杰夫·巴斯冈表示，流失率和收入是他经常关注的关于上游的滞后指标。

"当客户不满意时，某些事情就会发生，然后他们就肯定会流失。"巴斯冈说，"你想查看领先指标，例如产品使用率、净推荐值、登录次数、任务时间和应用程序使用时间。这些都是产品和客户满意度的领先指标，而不是客户流失的滞后指标。"

定期衡量重要的事情

当你每周、每月、每季度定期衡量对你部门而言重要的内容时，请分析数据背后的原因。

其他"成功"措施

你的初创公司需要衡量并向首席执行官以及董事会汇报以下内容：
- 财务概要。
- 产品路线图。
- 销售渠道。
- OKR 的实现。
- 自上次董事会会议以来进展顺利的方面。
- 哪些方面进展不顺利，企业计划如何解决。

如果图表都呈上升或前进趋势，那就太好了，但是你知道为什么吗？哪些渠道的营销效果最好，接下来你应该进行哪些投资才能扩大成果？哪些外呼销售技巧有效，以及哪些你需要削减？初创公司的意义在于快速学习。那些能够快速启动、解释结果并使用数据预测未来行动的人会获得成功。如果你等待的时间过长或没有仔细查看数据，你就会错失良机。

让领先指标引导你的早期初创公司成长

在进入市场方面，我们以"从交易倒推"（deal backwards）和"从线索正推"（lead forwards）的角度来理解我们的渠道。我们讲述的是关于获得营收的故事，而不是只关注我们正在做的事情而不看其最终结果。这听起来很明显，但你会惊讶地发现有多少领导者把这两者混淆了。虚荣指标是在纸面上看起来很好但不一定能转化为结果的见解。

例如，"嘿，我们这周从100位应聘我们空缺职位的求职者那里获得了网站流量！"很好，但它能转化为真正有价值的东西吗？这100位求职者中有多少是合适的申请人？你是如何快速填补该职位的空缺的？更简单地说，如果你汇报说你的业务发展代表（Business Development Representatives，BDR）团队在一周内发送了1000封电子邮件，但实际上没有任何潜在客户打开查看或点击邮件，这就是虚荣指标（vanity metric），而不是真正具有领先迹象的指标（点击BDR电子邮件的行为产生一次有意义的转换——预定产品演示会议，等等）。

现代SaaS公司的投资者关注的其他财务指标有：
- 你的收入是多少？
- 你的利润率是多少？
- 就你的资本配置而言，你的杠杆率是多少？

创始人和初创公司的高管需要精通这些主题，但在创业初期，他们需要最大限度地学习而非关注财务指标。

"我不在乎你的收入是否为零，并在两年内还是为零，只要你学到了很多东西，并且可以展示你所学的知识是如何发挥作用的。"巴斯冈说。

兰德·菲什金对指标的建议：保持简单

企业家兼营销专家兰德·菲什金建议关注两到三个重要指标。

"有些人可能会惊讶地发现，当涉及重要指标时，我喜欢尽可能地保持简单。我认为人们痴迷于 KPI、多种指标以及其他各种衡量方法，尤其是在营销领域。这是此次公关活动对我们的品牌产生的影响，这是此次活动对我们的搜索产生的影响，这是此次活动对我们的内容产生的影响……许多人痴迷于在这些细枝末节方面进行衡量，他们将把大量精力过度投入可以产生可测量结果的渠道，而不是在最重要的指标上获得有用且最佳的结果。"菲什金说。

如何与首席执行官一起衡量你的绩效

当你在设定 OKR 时，请与首席执行官确认你要汇报的最重要的指标。举个例子，我的营销部门承诺会从营销来源的机会渠道获得 x 美元和 y 次机会。许多领先指标都与这两个数字挂钩（并表明我们是否会成功），但我承诺的细节不限于此。如果首席执行官想深入了解细节（我们的确这样做了），细节都有记录可查，但这不是我管理业务的方式。首席执行官不关心每周有多少 PPT 演示请求或者我们的网站有多少访问者，他甚至也不关心我们产生了多少渠道——即使这些渠道将为企业带来有效的年度经常性收入。

"作为首席执行官，当涉及你在业务中管理的指标时，你可以做决定。这不该由我来告诉你。你的工作就是衡量这些东西。"菲什金说，"我认为在一个健康的组织中，你可以把这个问题留给专家，而专家应该是副总裁，或者是为你工作的首席管理层人员。如果你不信任由他们来决定要衡量的东西，那可能是你聘用了错误的人，或者你是一个糟糕的经理。"

在团队中明确各人的职责

你团队中的每个人都应该知道他们促成的哪些指标有助于实现更大的目标。例如,销售团队应该知道他们与销售开发代表预订会议如何有助于成功完成销售配额。

第十九章　CHAPTER 19

向董事会汇报你取得的成果

> 你已经定义并取得了成功，现在是时候告诉所有人了。学习如何在最常见的高管演讲中——从全体员工大会到季度业务审查，再到董事会会议——向你的领导组织展示你的成果，并了解所有这些活动背后的原因。

第一次在董事会会议上汇报时，我和我的高管教练一起做了准备，并提前向首席执行官发送了幻灯片。我展示了我的部门（营销部）的绩效、收获和我们下一季度的组织发展计划。我给取得的成果贴上了标签，表明哪些方面进展顺利，哪些方面我们计划在未来进行改进。

董事会成员反馈不错。自从我加入公司以来，我们实现了季度环比增长，而且营销部的业绩增长了10倍。太好了，对吧？我感到非常自信。然后一位董事会成员问道："为什么我的其他投资组合公司的增长速度比你快？"

首席执行官最终替我回答了这个问题。没关系，会议继续进行。但我永远不会忘记我那时的沮丧感，我也发自内心地认识到董事会会议与季度业务审查这种内部演示完全不同。虽然这种令人紧张的首次经历充满挑战，但它让我知道两点：（1）在董事会会议上进行汇报是我可以做到的事情；（2）董事会想要的是"全面"的见解。

董事会会议存在的意义

董事会成员希望在你的初创公司获得投资回报。他们以前也见过初创公司创始人和高管未能实现目标，但这并不意味着董事会会放弃他们。通过董事会会议和其他董事会层面的沟通，他们旨在了解你的部门是如何增长的，你运用了哪些方法来加速增长，以及团队在哪些方面表现出色（或不佳）。他们希望验证自己的假设，即这个部门将产生回报。

"董事会在那里是因为他们希望你成功，因为当你成功时，公司就会成功。"雷切尔·拜塞尔说。

在董事会层面进行沟通

董事会成员希望你对他们坦诚，除了成功之外，你还要对你的失败负责。他们还会把你的公司业绩与他们投资的其他公司的业绩做比较，考察你是否有可能给他们带来超额回报及"返还投资资金"。定期与董事会成员见面，向他们汇报上述所有内容的进展，这已成为我们行业的一种仪式，坦率地说，这可能会吓跑许多潜在的初创公司领导者。

如果在董事会层面缺乏支持者，这对更具包容性的初创公司领导层来说是一个障碍，因为向董事会成员做汇报时，你可能会紧张不安。让我们来揭开董事会会议以及与董事会成员沟通的神秘面纱，了解做好这些工作的必要条件。

站在董事会的"高度"进行沟通

当你局限在自己的部门时就容易产生狭隘的看法。在董事会层面进行沟通和制定战略是你在担任高管时必须做出的最大转变之一。举个例子，营销主管关心每一条内容、每一个基于客户的营销活动和每一次事件营销。而董事会不仅想知道项目的执行情况，还想知道你为什么开展这个项目，以及你如何证明开展这个项目是增加业务收入或发展业务的正确策略。你必须在这样的背景下分享交付成果——说明该成果对促成业务产生的积极影响，以及你正在运行的计划或项目如何发挥作用。不仅该表示"我们将聘请四位优秀的销售代表"，更应该说"我们有信心将销售代表增加到四人，每年的销售配额为 150 万美元，这将使我们加快实现今年的收入目标。"

你的企业在更大的市场（或风险投资公司的投资组合）中表现如何

请记住，风险投资公司关注的是你的表现，不仅仅是你自身的表现，还有你的同类公司（你所在市场中的类似公司）及他们的投资组合的表现。许多风险投资公司不会在很短的时间内推动企业成为独角兽公司或让企业破产，但他们正在寻找能够为他们带来超额回报的公司，这样他们就可以回到他们的有限合伙人（limited partner）那里成功筹集下一笔资金。好消息是，无论你的增值董事会中的投资者是否真正关心你，愿意帮助你且不强求你的创始团队按照他们的议程开展工作，你都可以控制自己在董事会会议上的表现。你可以为会议带来最大的价值，让你的董事会能够准确了解事情的进展情况，同时也希望提供价值。

董事会会议将随着你的初创公司的成长而发展。在早期阶段，你的创始人可能就高层次的指标与董事会进行讨论（我们的资金消耗率或客户流失率如何，我们的年度经常性收入是否在增加，我们是否进行了关键的早期招聘等）。随着公司规模的扩大，这些指标将变得更加结构化。由于对股东透明度有要求，上市公司要像管理完善的企业一样召开董事会会议。想要了解投资者和首席执行官对董事会议题的看法，布拉德·费尔德所写的《初创公司董事会》（Startup Boards）一书是一个很好的资源。

关于如何有效地把你的成果汇报给董事会和初创公司股东，这里有一些技巧可以分享。

做好功课

了解董事会成员。这是不是一个主要由创始人的朋友组成的"熟人"董事会，或你的公司是否处于投资者来自多个风险投资公司的成长阶段？是否有"观察员"？哪些创始人是董事会成员？还要了解董事会成员的背景和行业，这样你就能对他们提出的问题类型有所准备。例如，许多董事会成员都有财务背景，因此，为你所在的部门准备一份严谨的首席财务官级别的报告是有帮助的。

在你首次开会前与董事会建立关系

"当你和他们建立关系时，你要了解他们的盲点在哪里。"马特·海因茨说。

"只有3%到4%的董事会成员有营销经验。然而，很多人都认为自己知道如何做营销。因此董事会里可能有一位成员从来没有做过营销工作但每个季度都在考查你的业务。他们可能会觉得自己必须对你的营销策略发表意见。所以，你需要把你的演讲内容情景化，并根据你的角色来了解他们的专长所在。"海因茨说。

用讲故事的方式向董事会汇报

为董事会会议准备的幻灯片不仅仅需要罗列各种数字；它需要的是一个故事，包括你正在和将要对你的组织带来什么影响。

初创公司营销高管安东尼·肯纳达（Anthony Kennada）表示，每张董事会幻灯片都应该讲述一个故事，清楚地说明阅读这张幻灯片的人应该从中得到什么。不要写"营销最新进展"，而要写"本季度我们将入站渠道扩大了四倍，并计划在下半年翻一番。"

"假设你不在现场进行汇报，别人还能理解你希望他们从幻灯片中获得的信息吗？"肯纳达说。

对董事会要坦诚，包括过去的业绩，并清楚地说明获得的经验教训。与首席财务官（或首席执行官，如果他们负责财务）建立牢固的关系。找出哪些指标对董事会而言很重要，并调整你的语言，让不做日常业务的任何人都能轻松理解。

与你的部门团队沟通，从他们那里得到你需要的东西

你需要汇报指标并在更高的层面上谈论业务表现。给部门团队充足的时间准备你将代表他们汇报的任何参考资料，例如结果指标、漏斗指标等。在董事会会议结束后与你的团队分享你能够做的事情，从而帮助

每个人在另一个层面上了解他们的工作如何与业务目标相关联，这样是非常好的。

制作董事会幻灯片：站在一定高度进行思考

董事会想知道你有何收获，以及你如何运用所学知识来推动关键业务增长，即收入增长和留存率。除了战术之外，你如何在高层面分享你投资的项目以及你如何利用数据和资源获得成功。

董事会想知道的事情：

● 你所在部门的进展情况如何？他们应该如何考虑与整体业务增长相关的绩效、指标？数据分析的结果是什么？为什么这些数字会出现在这里？

● 自上次董事会会议以来，你有何收获？你是如何运用学到的知识来提升自己的？（或者，你会运用它们吗？）

● 你所在部门有什么风险？你将如何应对挑战？

● 下个季度、下半年或下一年你有哪些计划，你预计这将对业务增长产生什么影响？你将如何实现目标以及你会把哪些假设、数据纳入你的计划？

如何制作董事会幻灯片

由于缺乏经验和准备不足，许多新任高管会在董事会演示中遇到困难。为了提高效率，你需要了解董事会在幻灯片演示中希望看到的具体内容。

"对许多高管来说，他们向董事会做汇报之后，董事会给出不错的反馈，然后当高管离开时，董事会认为'这真是浪费时间'。因此，这些高管被认为'没有战略眼光'。"Gainsight 公司的首席执行官尼克·梅塔说。

这种情况可以得到缓解，如果你能关注正确的事情并准备一份能够有效地向董事会传达你的影响和收获的演示文稿。为了让你的董事会演示文稿具有说服力，梅塔有以下建议：

- 无论何时展示指标，都要加入改进计划。如果不把指标与目标或计划联系起来，董事会可能不知道如何理解指标。
- 无论何时展示指标，要显示该指标随时间变化的趋势。
- 对指标进行颜色编码（红色、黄色、绿色）使它们更易于阅读和理解。
- 不要使用让董事会感到困惑的首字母缩略词（例如，不要在没有解释的情况下使用他们可能不了解的内部首字母缩略词或商业用语中不常见的术语）。
- 确保展示的指标（例如增长、采用、注册）与董事会最关心的领域相关联，例如收入、留存率或客户生命周期价值。
- 让幻灯片标题成为头条故事（使用"收入同比增长 50%"，而不是"收入"），让董事会尽可能容易地理解你要叙述的内容。
- 当在幻灯片里加入图表、视觉效果时，在它旁边放置一个包含关键要点的文本框，突出显示关键数据点并加以标注。你希望任何视觉效果都能讲述一个清晰的故事，并让董事会尽可能容易地理解结果。《用数据讲故事》一书是学习如何提高数据可视化技能的绝佳资源！

使用红、黄、绿颜色编码汇报成果的部门 OKR 幻灯片示例

这是漏斗顶层和中层绩效（两倍目标）有史以来最好的季度，随着销售团队规模的扩大，为上半年的业绩奠定了坚实的基础。如表 19-1 所示。

表 19-1　使用红、黄、绿颜色编码汇报成果的部门 OKR 幻灯片示例

OKR	KPI	红/黄/绿
机会生成	第一季度为企业交易新增 100 个新的营销合格机会	95 个营销合格机会 预测：98 个营销合格机会
提高目标客户内部的参与度	第一季度末 2000 个新增营销合格线索	2300 个营销合格线索
提供高投资回报率的内容并激活增长渠道	第一季度末交付 30 个新内容（2 个支柱，13 个中型和小型）；激活 2 个新的增长渠道（视频，事件）	交付 35 个以上的内容（4 个支柱，12 条播客，25 篇博客，2 个案例研究）；激活 2 个新的增长渠道（视频，事件）

董事会演示文稿中其他类型的幻灯片

● 标题幻灯片（你的部门、姓名、公司标志——如果可能，请使用你公司提供的幻灯片模板）。

● OKR 幻灯片（表 19-1）。

● 一张显示指标随时间而变化的幻灯片，并在标注框中显示百分比变化和解释（例如，本季度至今的营销漏斗绩效与之前的 QTD 相比，以及与去年同期相比的趋势）。

● 以叙事为导向的幻灯片，强调你制订的计划和倡议以及它们与你在上一阶段取得的成果的关系（例如，"通过将思想领导力转化为收

入让我们的品牌成为主流，从而推动营销渠道增加 150% 或同比增长三倍"，举例说明你开拓的新渠道和开展的活动以及你在上一张幻灯片或附录中显示的成果）。

● 以叙事为导向的幻灯片，强调你在本季度或这半年的收获，以及你看到的应用这些见解的机会（例如，"我们了解到基于客户的营销是在我们的目标客户中扩大需求挖掘的途径，我们会在下个季度加倍努力去实施基于客户的计划"）。

● 附录（标题幻灯片，标明所有后续幻灯片应被视为额外的参考资料，而不是你现场演示的一部分）。

● 附录幻灯片（这些幻灯片显示了额外的细节，其中详细说明了你在前面的演示文稿中涉及的领域。如果董事会愿意，他们可以进行深入研究。）

附录和预读材料的目的

在董事会之前，你发送给首席执行官并与董事会分享的附录幻灯片或单独材料（通常称为"预读材料"）可能包含有关战术计划和活动的细节，这些计划和活动可以与你在演讲中涉及的主要主题或要点、流程参考和部门组织结构相挂钩。例如，你可以添加一张团队幻灯片，包含团队中每个人的头衔和头像，或显示组织的招聘计划以及你希望填补职位空缺的日期。不要指望在董事会会议期间回顾附录或其他预读材料。你可以在演示文稿中加入更多材料，这样一来，如果董事会想了解更多关于你计划的详细信息，他们可以选择查看这些材料。

例如，在营销部，附录幻灯片可以展示营销的"策略"，以及随着我们建立了知名度并产生了通过销售验证的线索和机会，我们要如何衡量线索的评分以及我们的营销漏斗是什么样的。董事会不需要在你的演讲中看到这些,在那个层面的沟通中不需要这种细节。但如果他们有问题,让他们了解高层次概述背后的思想和策略是有帮助的。

你可以在附录中包含的其他幻灯片示例:

- 团队组织结构、招聘计划。
- 关于你在本季度启动的计划的细节,以及该计划相对于前几个季度的表现。
- 你计划在未来或下几个季度实施的举措——你将在下一次董事会会议上讨论的内容的预演。
- 显示你的收入渠道、扩张议案的幻灯片。
- 你的销售流程。

注意:董事会成员通常会提前阅读非常详细的幻灯片,包括附录,因此你无须在会议期间花时间回顾那些细节。

建议:确保每张幻灯片都有一个以叙事为导向的标题

每张幻灯片都应该讲述一个故事,让董事会能够迅速理解而不需要深入研究整张幻灯片。以下是一些示例,说明如何将每张幻灯片变成以叙事为导向的形式:

差的表述:第三季度 OKR。

改进后的表述:这半年在挖掘机会这方面取得的业绩是有史以来最佳,随着客户执行经理的工作逐渐上手,为下半年的工作奠定了坚实基础。

差的表述:第三季度指标(续)。

改进后的表述:我们在上半年的表现同比增长 3 倍,为下半年的强劲表现奠定了基础。

差的表述：上半年的收获。

改进后的表述：我们在上半年收获了关键见解，这将使我们能够在下半年扩大增长引擎。

差的表述：下半年的目标。

改进后的表述：我们承诺在下半年创造 300 个机会，使我们今年的势头几乎翻一番。

汇报技巧：董事会会议前、会议中和会议后

会议前

向首席执行官和友好的董事会成员展示你的幻灯片，获得他们的反馈。计划一起查看幻灯片以讨论董事会可能提出的问题，请确保你的幻灯片清楚地传达了你取得的成果与收获以及你的计划，因为它们与整体业务增长目标保持一致。

请记住，董事会是希望你和你的公司能够取得成功的。如果你是要做展示的人，并且你进行了冥想或其他正念练习，在董事会会议之前做这些是很有帮助的。如果可以的话，尽量在董事会会议前完成你的日程安排，给自己更多的时间"参与进来"。如果可能的话，提前准备一次幻灯片演练。

实践助你成功

如果可以，与至少一名董事会成员建立关系并提前与他们分享你的幻灯片（在首席执行官的允许下）。

"把它作为你演讲的彩排，然后说，'这是我希望向董事会传达的内容。也是我希望从董事会收获的。我希望获得董事会在这些领域的投

入、反馈和支持'。"马特·海因茨说。

在会议之前与董事会中的"熟人"或首席执行官分享你的幻灯片，对于评估你的盲点和确保你能创建一份最具影响力的董事会演示文稿至关重要。

会议中

董事会会议的与会者可能包括也可能不包括你；在许多早期初创公司中，你会把董事会会议材料发送给首席执行官，他将代表你来展示这些材料。如果你打算亲自或通过电话会议向董事会做汇报，除了幻灯片之外，你还需要做好心理准备。有时，你会被邀请参加会议或在Zoom上参加部分董事会电话会议。

在演讲时，尽量放松并保持谦逊的自信，因为你表明你正在对你负责的领域进行战略性思考，同时对学习和适应持开放态度，这样你就可以不断迭代计划以改善董事会关心的每一个KPI（例如，收入、留存率、增加的客户周期生命价值）。

在你演讲时，尽量放松并慢慢说。如果你被问到一个你不知道答案的问题，那就说出来，并在之后向董事会汇报（与首席执行官一起跟进是最佳做法）。专注于你在幻灯片中准备的内容，记下任何你不知道答案的董事会问题，并承诺会回复他们（然后这样做）。

会议后

在与首席执行官核实后，向董事会发送他们要求的但你当时手头没有的任何材料。例如，如果他们想看三周的增长周期，你需要调出指标。回答任何遗留问题或感谢董事会抽出宝贵时间。会议结束后，尝试从首席执行官和与你建立关系的友好董事会成员那里获得反馈，找出你做得好的地方以及下次可以改进的地方。如果你对成长和学习持开放态度，那么你将成为首席执行官和公司的宝贵财富，他们会很自豪地把你介绍给董事会成员。另外，谁知道呢？这些董事会成员可能是你加入的下一家公司的董事会成员，因此这有助于建立长期关系（风险投资公司是要做长线投资的）。

第二十章 CHAPTER 20

导师制：如何通过人脉网和回馈进一步发展你的事业

> 没有单打独斗的高管。你可能是第一次担任高管，但你可以通过与同行人脉网、团队和创业社区进行分享，来提供和获得很多东西。

当我成为科技之星的导师时，我了解到它的宣言是"给予至上"，这意味着给予而不求回报（我知道我们导师仍可能从经验中得到很多收获）。我并没有意识到这对我的创业理念有多么重要，直到我遇到了那些不具备这种心态的创业生态系统。这让我明白，不抱期望的慷慨确实是一个成功的创业生态系统的命脉。有太多的东西需要学习，而想要完成初创公司的使命和目标，资源却很有限。

导师制为创业生态系统提供动力

我知道导师制对于作为导师的自己和我有幸与之互动的创始人意味着什么。科技之星认为导师关系几乎总是双向的。这对我来说是事实，因为我一直是可持续发展和劳动力发展（Sustainability and Workforce Development）加速器以及后台资本的首席导师。

我曾指导过的一位创始人在我们的指导关系正式结束两年后邀请我参加他家的迎婴派对，我们谈论生活、人际关系以及创业界。另外，我们现在还互相发送关于创业生活的原创歌曲。我指导过的另一位科技之星校友兼联合创始人也是如此。还有一位导师和我有更紧密的联系，但在他的项目结束后很长时间我们也一直保持联系。我把这三位创始人都视为朋友。他们帮助我解决生活问题，就像我帮助他们的公司制定上市战略一样。这就是给予他人指导的馈赠；无论你的目的是给予还是获得，要知道这将是双向的。

导师制对成长中的领导者的支持

销售主管玛丽·卡特（Mary Carter）在 GoCardless[①] 公司领导着一支高绩效的销售团队，并为业内许多人提供指导。她现在是其他人的导师了，但她认为自己能在岗位上表现出色、得到提拔，同时以平和的心态应对工作需求、在工作和家庭中保持平衡，实现这一切都离不开曾经帮助她的导师给出的建议。

"我很幸运有一位非常了不起的导师，他教给我专业性的基础知识以及技术、应用和人员的情况，还有个人建议。"卡特说。

导师制关乎知识与化学反应

休·海尔布龙纳说，良好的导师—学员关系需要人际关系和化学反应。

---

① GoCardless 是一家为企业提供线上支付解决方案的公司，主要提供自动扣费和 B2B 发票服务。——译者注

"一旦你了解了具体的内容和事实，比如，'这个人在金融方面有丰富的经验'或'这个人可以在这个领域的知识上提供支持'，联系就是关键。"海尔布龙纳说。

"当学员认为导师已经在他们的世界中并且与他们有很深厚的关系时，他们是最成功的；导师也是如此。我们在加速器和孵化器中有正式的结构，作为一种促进和增强指导力量的方式，这些都很棒，但非正式的机会也可能非常有意义。"

导师不必知道所有的答案

作为一名导师，我学会了提出好的问题，并对接受者想要如何回答问题持开放态度，我会告诉他们我认为他们"应该"如何处理某种情况，并相信他们是自己行动方案的最佳判断者。导师可以提供建议和指导，但不要过度引导。当我接受导师的指导时，我可以选择倾听有共鸣的内容并摒弃其他内容，这也是一种强大的力量。

例如，我曾经与一位创始人讨论他和另一位联合创始人在平均销售价格方面遇到的挑战，以及他对他们意见分歧的感受。我没有试图告诉他应该做什么，甚至没有催促他做决定采取行动。对于哪种平均销售价格最适合他们的目标市场，我有自己的看法，但这不是他们所需要的。我没有推动议程，而是在那里听取他们关于这个主题想要分享的内容，并让他们自己得出答案。我很自豪的是，他们将这些见解运用到下一次成功的融资活动中，现在他们对定价策略背后原因的意见达成了一致。

招募自己的导师：培养一群私人顾问

为了从不同的角度看待你的创业角色，你可以与顾问建立关系，他们可以充当你的个人董事会。这些人带来了主题专业知识、领导经验以及激励性支持。

以下一些角色可以考虑招聘到你的个人顾问董事会中：

- 同行（在同一职业任期内）。分享共同的故事和情谊。我可以打电话给正在应对相同问题的朋友，我们能够互相帮助从而取得成功。
- 比你经验丰富5到10年的人。这个人可能是一个同龄人，但理想情况是这个人最好与你有过相同的经历，可以回顾你现在正经历的事情，而且不至于相隔太远。
- 董事会成员。来自你公司的董事会或在某个董事会任职的人，并且可以告诉你董事会是如何思考的。
- 领域知识专家。非常了解你所在领域的人，或者了解一个你不擅长的领域（例如，会计领域，如果你在人员运营部且没有会计方面的背景）。
- 高管教练。可以在特定领导力领域指导你并有动力帮助你成长的人。
- 特定领域或业务的导师。
- 行业分析师。具有行业领域经验（例如，云科技、金融科技）的人。

导师关心你的个人情况而且能让你分清轻重缓急

销售主管玛丽·卡特的导师提醒她，除了工作需求外，还要考虑自己的个人需求。

"他说，保险是你工作所得的重要组成部分。如果你受伤或生病了怎么办，你需要后退一步、暂时休息。越快休假，你就能越快将管理工作脱手，从而专注于其他事情。这种观点教会我将健康置于工作之上。工作永远在那里。"

卡特说，现在，作为一名负责监督团队中其他人成长的领导者，她告诉她的下属要将健康和家庭放在首位。

"这并不总是一个普遍的观点。"卡特说，"一直工作到精疲力竭为止，这样的观念在我们的文化和社会中根深蒂固。人们总是忙忙碌碌。但对我来说，如果你真的想健康长寿，就必须享受你所做的事情。只有当基本需求得到满足时，你才能享受生活。这些事情要优先考虑。"

卡特鼓励有抱负的初创公司领导者为了自己的成长而努力，并积极主动地寻求导师的帮助。

"我致力于向上晋升，并为此努力工作。"卡特说，"作为初创公司中的有色人种女性，我很自豪能获得与我的工作价值相当的报酬，而这并不总是那么容易。"

在卡特首次担任初创公司领导职务之前，用她的话说，她花了很多时间"磨炼"工作能力，有时每天打很多销售电话，包括技术演示、技术质量保证和法务相关电话，以及长时间工作以完成国际交易。"这对我来说意味着我很累，是的，我不得不对聚会、朋友或假期说'不'，但这让我改变了头衔，并让我获得了三次晋升。

"你必须证明你值得。你必须用金钱来展示和量化你所做的工作，这是无可争辩的。"卡特说。

当你可能还没有看到机会时，导师会推动你"去争取"机会。卡特的情况也是如此，她已经多次获得迅速晋升，通常是在她导师的推动下去参与竞争，以获得新的机会。

"我的导师经常在我身上看到一些特质，这些特质让我的导师知道我已经准备好了，而我自己却没有意识到，然后我要做的就是去实现它。"卡特说。

寻求能促进平等的导师制

特里尔·布莱恩特是 Just Work[①] 公司的联合创始人兼首席执行官，她是一位战略执行领导者，拥有超过 15 年的独特技术、华尔街工作经历和军事经验。她之前曾在 Astra 公司、推特、高盛集团（Goldman Sachs）担任过领导职务；也曾是美国空军的一名战斗老兵，担任领导工程团队的上尉；同时她还为空军学院、空军及国防部带头开展多元化、公平和包容性（diversity, equity, and inclusion，DEI）的倡议。她说，作为一名黑人女性，找到"把我当成白人"来指导的导师很重要。

"当我在军队服役时，一位白人将军告诉我他会'把我当成白人'来指导，因为他告诉我'白人才是你必须与之竞争的人'。通常，人们会通过自己的偏见来过滤他们的指导、引导和赞助。"布莱恩特说。

注册成为加速器的导师

我从在科技之星和后台资本加速器当导师的经历中学到了很多东西，并且非常重视这些经历中的人际关系。我很自豪地利用从这些组织

---

① Just Work 是由特里尔·布莱恩特和 Kim Scott 共同创立的一家提供主题演讲、研讨会的公司，该公司致力于帮助组织和个人创造更加公平的职场环境。——译者注

中获得的财富，并定期推荐其他可能适合这些项目的导师。如果你想以更正式的方式参与指导，向加速器的创始人提供你的部门专业知识或行业专业知识是一个很好的工具。你还可以了解处在创业早期阶段的创始人的真实情况，有可能这正是你想做的事情。我认为这也是验证你是否适合创始人角色一个好方法；当你定期在公司外与创始人会面时，你会看到创始人承受着多大的压力，而无须表现得"有条不紊"。

在科技之星，我们首先与每个群体的创始人碰面，并在所谓的"疯狂导师"（Mentor Madness）环节中听他们的演讲。无论是面对面的还是线上的活动，我总是在一天结束时精疲力竭，因为我是一个内向的人，而这项活动需要在一天内与很多新朋友"相处"。然而，能够帮助处于早期阶段的创始人和公司找到他们的方向，我很满意。

我在 Techstars 的可持续发展和劳动力发展加速器担任导师，这是我热衷的两个领域。现在世界上有许多专注于不同事物和市场的加速器公司。很有可能，你身边就有一个加速器，其中有一些公司正在做你关心的并且可以为其提供有价值的东西。如果你觉得这会让人有成就感，那就值得试一试。

通过正式的组织进行指导

导师空间的创始人克里斯·莫特利相信导师制具有改变生活的力量。通过他的平台，来自少数群体的专业人士可以支持他人并在自己职业发展中获得支持。莫特利的组织与全国黑人工商管理硕士协会（NBMBAA）以及其他组织合作。

寻找社区并作为"同行导师"相互支持

妮科尔·沃伊诺·史密斯认为,找到同行并在你周围建立一个支持性的社区,这对于找到机会并成功担任高管至关重要。

"我发现最大的问题是高管工作很孤独。"史密斯说,"大多数时候,首席执行官希望你知道如何做好这份工作。你不能真的去找他们说,嘿,我真的不知道该怎么做。当你担任总监时,你可以找副总裁问这些问题,或者你可能有其他三个处于同一级别的同事,你们可以就其中的一些问题进行交流。当你成为高管之后,一些帮助就像是一夜之间消失了。"

史密斯是 Pavilion 的成员。Pavilion 是一个基于会员制的组织,为科技公司的营收主管提供同行指导。

"你必须建立你自己的顾问委员会或可依靠的执行委员会。"史密斯说。

史密斯会在这个由全球各地的首席营销官组成的团体内询问同行们如何应对各种情况,有疑问时给他们发送信息(同时也回复他人的问题)。最近,当她在营销部担任新职务时,她向这个团体寻求建议,同行们总是愿意接听电话或回复信息,以帮助她取得成功。

亲和组织

当你不了解某事或只是需要支持时,在公司外部有你信任的人可以寻求帮助是至关重要的,尤其是如果你来自少数群体。规模化的初创公司通常拥有员工资源小组这样的组织,主要关注少数群体、拉丁裔、科技界黑人、科技界女性等,你可以加入并成为其中一员。

其他类型的支持：赞助和指导

赞助

赞助人愿意冒险并相信你。赞助人是你成功的既得利益者，而且往往期望得到某种共同的结果，这与导师不同，导师在理想情况下也能从与你的互动中受益，但导师并不期望如此。

雷切尔·拜塞尔表示，"我愿意拿我的声誉来冒险，在这个人的职业生涯中帮助他，这比导师更有意义，因为导师可能会支持你，但不愿意拿自己的声誉冒险。赞助人知道他们赞助的人会让他们看起来很友善，他们也会在未来得到一些回报。你赞助的那个人会鼓励你去冒险并支持你，他们还会提供重要的反馈。他们期待未来的表现、忠诚和建议。"

指导

教练的指导往往专注于一个特定领域（尽管并非总是如此）。教练往往会站在场边，在没有和你一起比赛的情况下提供建议（可能作为赞助人）。例如，聘请高管教练或职能领域的专业教练，你通常会付钱给那个人来帮助你在特定领域取得优异成绩。

不要忽视非正式的指导

兰德·菲什金表示："我想很多人都听过导师制这个词，他们认为我会找一位导师，我们会每周、每两周、每月或其他固定时间通一次电话，一次一小时或一个半小时。导师会有点像治疗师，这自然没问题。但你也可以成为某人的盟友或朋友，在一起相处的同时非正式地指导他们，这也很好。"

我有很多非正式的指导关系，我已经数不清了。我认为创业界的每个人都可以成为我的盟友，我也可以成为他们的盟友，如果我们愿意并且有时间的话。我特别感谢创业界的朋友们以非正式的形式提供指导，分享关于成功和挫折的故事，因为这让我们所有人都经历的旅程正常化。永远不要低估你可以在"正式"的框架之外提供给其他人的东西。

将导师制提升到一个新的水平：扩大你的影响力

导师空间的创始人兼首席执行官克里斯·莫特利表示："导师制意味着与经验更丰富的人进行对话，他们选择分享他们的生活经验，以帮助你更有效地实现目标。"

莫特利的观点是人人都是导师，人人都需要导师。他的愿景是，通过创建导师制经济来扩大导师制的规模，在这种经济中专业人士通过一次次的对话提供指导、获得指导以及在职业生涯中成长。

全面披露：在科技之星，我是莫特利的公司导师空间的首席导师之一，这意味着我们在项目过程中就导师制进行了很多次对话（并在之后保持联系）。他关于通过教育材料扩大导师制价值的见解，对于我撰写本书很有帮助。这真是一个完整的循环。

注释

前言

1. Silicon Valley Bank (n.d.), "Half of Startups Have No Women on Their Leadership Team." Sil Retrieved October 5, 2021, from: https://www.svb.com/trends-insights/reports/women-in-technology-2019#:~:text=Just%2056%20percent%20of%20startups,the%20UK%2C%20China%20and%20Canada.

2. Tedrick, S. (2020), *Women of Color in Tech: A Blueprint for Inspiring and Mentoring the Next Generation of Technology Innovators*. John Wiley & Sons, Inc., p. viii.

3. Ibid.

4. "Women in IT: Five Strategies for Making it to the Top," Deloitte United States, August 2, 2018. Retrieved October 5, 2021, from: https://www2.deloitte.com/us/en/pages/technology-media-and-telecommunications/articles/women-in-it.html.

5. CompTIA (n.d.). *2020 IT* "Information Technology) Industry Trends Analysis: Business of Technology: Comptia." Retrieved October 5, 2021, from: https://www.comptia.org/content/research/it-industry-outlook-2020#:~:text=Industry%20Overview,to%20the%20research%20consultancy%20IDC.

6. Mendoza, N. F. (2020, April 21), "US Tech Industry Had 12.1 Million Employees in 2019," *TechRepublic*. Retrieved November 6, 2021, from: https://www.techrepublic.com/article/us-tech-industry-had-12-1-million-employees-in-2019/.

7. Statista Research Department (2021, January 20), "New Entrepreneurial Businesses U.S. 2020. *Statista*. Retrieved November 6, 2021, from: https://www.statista.com/statistics/235494/new-entrepreneurial-businesses-in-the-us/.

8. Written by Chris Orlob, who is a Director of Sales at Gong.io. (2019, January 17). "The VP Sales' Average Tenure Shrank in 7 Months—Here's Why. Gong." Retrieved November 6, 2021, from: https://www.gong.io/blog/vp-sales-average-tenure/

第一章

1. Azoulay, P., Jones, B. F., Miranda, J., and Kim, J. D. K. (2021, January 20). "Research: The Average Age of a Successful Startup Founder is 45," Harvard Business Review. Retrieved November 4, 2021, from: https://hbr.org/2018/07/research-the-average-age-of-a-successful-startup-founder-is-45.

2. "Why Women Don't Apply for Jobs Unless They're 100% Qualified," Harvard Business Review (2021, November 2). Retrieved November 6, 2021, from: https://hbr.org/2014/08./why-women-dont-apply-for-jobs-unless-theyre-100-qualified.

3. Scott, K. I. M. (2021). Just Work: Get Sh*t Done, Fast and Fair. Essay, Macmillan, p. 195.

4. "How Apple Is Organized for Innovation," Harvard Business Review (2021, August 27). Retrieved November 6, 2021, from: https://hbr.org/2020/11/how-apple-is-organized.-for-innovation.

第二章

1. Mochary, M., MacCaw, A., and Talavera, M. (2019), The Great CEO Within: A Tactical Guide to Company Building, Matt Mochary, p. 108.

第三章

1. Esther Perel on Scott Galoway podcast Prof. G. Show, "Eros, Self-Awareness, and Being a Good Partner" (2021, April 8). Prof. G. Show, episode.

2. Bussgang, J. (2017), *Entering Startupland: An Essential Guide to Finding the Right Job*, Harvard Business School Press, p. 10. Retrieved from: https://store.hbr.org/product/entering-atartupland-an-essential-guide-to-finding-the-right-job/10162?sku=10162E-KND-ENG.

3. Gender Equity Gap Study: "Analysis. Table Stakes" (2020, December 9). Retrieved November 6, 2021, from: https://tablestakes.com/study-2019/.

第五章

1. Carter, A. (2022), *Ask for More: 10 Questions to Negotiate Anything*, Simon & Schuster, pp. 46–67.

2. Ibid.

3. Ibid.

4. Kuper, S. (2019), *Secrets of Sand Hill Road: Venture Capital-And How To Get It*, Virgin Books, p.185.

5. Constine, J. (2018, September 18), "The Gap Table: Women Own Just 9% of Startup Equity," *TechCrunch*. Retrieved November 6, 2021, from: https://techcrunch.com/2018/09/18/the-gap-table/.

第六章

1. Jack Altman, *People Strategy*, p. 49.

第七章

1. Scott, K. (2021), *Just Work: Get Sh*t Done, Fast and Fair*, Macmillon, p. 32.

第八章

1. Elid Gil, *High Growth Handbook*, p. 199.

2. Joy, M. (2020), *The Vegan Matrix: Understanding and Discussing Privilege Among Vegans to Build a More Inclusive and Empowered Movement*, Lantern Publishing and Media, pp. 20–22.

3. Ibid.

4. Harts, M. (2020). *The Memo: What Women of Color Need to Know to Secure a Seat at the Table*, Seal Press, p. 157.

5. Tedrick, S. (2020), *Women of Color in Tech: A Blueprint for Inspiring and Mentoring the Next Generation of Technology Innovators*, John Wiley & Sons, Inc.

第九章

1. "Millennials Want Business to Shift Its Purpose," Deloitte United States (2020, April 24). Retrieved November 6, 2021, from: https://www2.deloitte.com/us/en/pages/about-deloitte/articles/millennials-shifting-business-purpose.html.

2. Blanche, A. (2017, April 5), "Tech Firms Striving for Diversity Fixate on the Wrong Met- ric. Wired." Retrieved November 6, 2021, from: https://www.wired.com/2017/04/tech-firms-striving-diversity-fixate-wrong-metric/.

3. Hasson, G., and Butler, D. (2020), *Mental Health and Wellbeing in the Workplace: A Prac- tical Guide for Employers and Employees*, Capstone, p. 81.

4.Esther Perel on Scott Galoway podcast Prof. G Show, "Eros, Self-Awareness, and Being a Good Partner" (2021, April 8), Prof G Show, episode.

第十章

1.Dixon-Fyle, S., Dolan, K., Hunt, V., and Prince, S. (2021, November 2), "Diversity Wins: How Inclusion Matters," McKinsey & Company. Retrieved November 6, 2021, from: https://www.mckinsey.com/featured-insights/diversity-and-inclusion/diversity-wins-how-inclusion-matters.

2.Hoffman, R., Yeh, C., and Casnocha, B. (2013), The Alliance: Managing Talent in the Networked Age, HarperCollins, p. 8.

第十一章

1.Scott, K. (2021), *Just Work: Get Sh*t Done, Fast and Fair*, Macmillan, p.1.

2.Ibid p. 10.

第十二章

1. Frei, F., and Morriss, A.(2020), *Unleashed: The Unapologetic Leader's Guide to Empowering Everyone Around You*, Harvard Business Review Press. Retrieved from: https://store.hbr.org/product/unleashed-the-unapologetic-leader-s-guide-to-empowering-everyone-around-you/10245.

第十三章

1.Peper, E., Harvey, R., and Faass, N. (2020), *Tech Stress: How Technology Is Hijacking Our Lives, Strategies for Coping, and Pragmatic Ergonomics*, North Atlantic Books, p. 29.

2.Fairchild, C. (2021, June 3), "The Office Didn't Work for Most Black Employees. Here's How We Can Change That as They Reopen," LinkedIn. Retrieved November 6, 2021, from: https://www.linkedin.com/pulse/office-didnt-work-most-black-employees-heres-how-we-can-fairchild/?trackingId=s%2FSjGYuL0LJP9SnvE11EFg%3D%3D.

3.Fosslien, L., and Duffy, M. W. (2019), No Hard Feelings: The Secret Power of Embracing Emotions at Work, Portfolio/Penguin, an imprint of Penguin Random House LLC, p. 208.

4.Brown, J. (2021), How To Be an Inclusive Leader: Your Role in Creating Cultures of Belong- ing Where Everyone Can Thrive, Berrett-Koehler, p. 84.

第十五章

1. *Women in the Workplace* (2021), LeanIn.organization and McKinsey & Company. Retrieved November 6, 2021, from: https://womenintheworkplace.com/.

2. Ibid.

3. *A New Era of Workplace Inclusion: Moving From Retrofit to Redesign*, Future Forum (2021, March 11). Retrieved November 6, 2021, from: https://futureforum.com/2021/03/11/dismantling-the-office-moving-from-retrofit-to-redesign/.

第十七章

1. "Women in Tech Survey," *Capital One*. Retrieved November 6, 2021, from: https://www.capitalone.com/about/newsroom/women-in-tech-survey/.

2. Neef, K. (2022). *Fierce Self-compassion: How Women Can Harness Kindness to Speak Up, Claim Their Power, and . . . Thrive*, Penguin Life, pp. 20–22.

3. Ibid.

4. Blanche, A., "Hi. I'm Aubrey Blanche and I'm Bipolar—The Mathpath". Retrieved November 6, 2021, from: https://aubreyblanche.com/blog/hi-im-aubrey-blanche-and-im-bipolar.

后记

成为一名初创公司高管会在很多方面都遇到挑战。从得到你的第一份高管工作到日常表现，从管理你的团队到处理你自己的心理问题，即使是在很顺利的一天也会遇到很多挑战。

即使我们在岗位上取得成功，带领公司发展并提供了有形的价值，我们中也很少有人能见证自己的梦想成真——初创公司成功上市，你获得价值数百万美元的股票。我们可能有机会实现梦想，但这些巨大的成果是我们所渴求的，而不是我们能指望的。

鉴于此，我邀请大家都以旅程为动力。当你遇到一位高兴的客户时，你能体会到喜悦；当你打造一个专注于完成颠覆市场的共同使命的团队时，你能感受到力量。在完成一笔许多团队为之努力奋斗的交易之后，当大家互相碰拳（或挥手）时，你能体会到狂喜。

当事情没有按照你的方式进展或者市场变化对你不利时，你会心碎。还有介于两者之间的一切。创业世界是一段充满曲折的疯狂旅程。此外，常规的旧世界比以往任何时候都更加复杂，对许多人来说都存在着不确定性和挑战。在今天这个后疫情时代的环境中，适应性强、真实、有同情心的领导者比以往任何时候都更受欢迎。

如果你想成为一位初创公司的领导者，你就一定可以做到。我会一直支持你。让我们在自我飞跃的旅程中再见！

致谢

关于商业图书出版的一个不太隐秘的秘密是,书籍出版需要一个强大团队的努力。本书的诞生得益于无数人的巨大支持、帮助和指导。致编辑和出版界的圣人比尔·法隆(Bill Faloon)、普尔维·帕特尔(Purvi Patel)、萨曼莎·恩德斯(Samantha Enders)、帕特里夏·贝特森(Patricia Bateson)、阿比拉米·斯里坎丹(Abirami Srikandan)和阿肖克·拉维(Ashok Ravi)以及威利出版社的整个团队:你们为我带来了飞跃,为此我感到无比幸运和感激。感谢布拉德·菲尔德(Brad Feld),是他把我介绍给威利团队,并在我的创业之路上给了巨大的支持和指导。他的善意在许多创业生态系统中传递开来,而我是受他的"给予至上"精神影响的众多幸运儿之一。

向那些在本书中慷慨分享他们的独到见解的贡献者们致谢:雷切尔·拜塞尔、克里斯·皮科克、艾伦·琼、约翰·雷克斯、奥布里·布兰奇、安妮·莫里斯、克里斯·塞内西、格里·瓦伦丁、尼克·梅塔、休·海尔布龙纳、萨曼莎·麦克纳、明迪·劳克、埃琳·兰德、埃米莉亚·丹其卡、凯莉·克伦普、珍妮弗·赖斯、埃文·亨、杰夫·巴斯冈、安娜利斯·布朗、妮科尔·沃伊诺·史密斯、杰夫·安蒙斯、马特·海因茨、克里斯·莫特利、丹尼斯·阿德西特、斯蒂芬·斯特里普林、马特·哈拉达、兰德·菲什金、杰里·科隆纳、萨拉·因诺琴齐、科琳·布莱克、阿普里尔·温塞尔、戴夫·金、阿兰娜·科比特、卡特琳·格伦瓦尔德、朱莉·彭纳、卡列夫·卡尔纳、戴夫·卡斯、特蕾泽·波克尼克、尼尔斯·温耶、乔希·阿什顿、希滕·沙阿、泰勒·麦克勒莫尔、安东尼·肯纳达、玛丽·卡特、特里尔·布赖恩特和凯特·吉迪内利。你们的贡献增添了宝贵的建议和智慧。

感谢我的读书教练安妮·扬策（Anne Janzer），你是一个作者梦寐以求的最杰出的童话书之母。致这本书的早期读者斯蒂芬·斯特里普林和马特·哈拉达：我对你们大量的反馈深表感谢。这本书因为你们而变得更好。

感谢这些支持者们：阿兰·汉密尔顿（Arlan Hamilton）、卡莉·布兰茨（Carly Brantz）、尼科尔·帕拉迪塞（Nicolle Paradise）、罗布·卡斯塔涅达（Rob Castaneda）、塞缪尔·赫利克（Samuel Hulick）、迈克尔·波拉克（Michael Pollack）、菲马·列申斯基（Fima Leshinsky）、比尔·库沙德（Bill Cushard）、玛乔丽·阿卜杜勒卡里姆（Marjorie Abdelkrime）、斯文·拉金格（Sven Lackinger）、马克西米利安·梅辛（Maximilian Messing）、埃利奥特·佩珀（Eliot Peper）、埃里克·格兰德（Erik Grand）、丹尼尔·利布基（Daniel Luebke）、科琳·特林考斯（Colleen Trinkaus）、林赛·克拉福德（Lindsay Crafford）和托尼·法琴达（Tony Faccenda）。

另外要感谢我亲爱的家人和朋友，你们是我做所有这些事情的动力。我爱你们。最后，感谢我以前、现在和将来的同事，以及创业生态系统中每一个曾经怀疑自己是否具备领导能力的人。我很幸运能与你们一起走过这段旅程，让我们一起为"向上领导"干杯！